Antje Bostelmann / Benjamin Bell

Kindergarten statt Kummergarten!

So geht's: Wie Kinder, Eltern und Erzieherinnen
froh werden und warum
unsere Gesellschaft davon profitiert

S. Fischer

Anmerkung
Aus Gründen der besseren Lesbarkeit haben wir in diesem
Buch immer von »Erzieherinnen« geschrieben, es mögen
sich natürlich auch die Erzieher angesprochen fühlen.

© S. Fischer Verlag GmbH, Frankfurt am Main 2010
Alle Rechte vorbehalten
Satz: Dörlemann Satz, Lemförde
Druck und Bindung: CPI – Clausen & Bosse, Leck
Printed in Germany
ISBN 978-3-10-003521-9

Den Erzieherinnen gewidmet

»Wenn jemand über Kinder und Erziehung spricht, richtet er sich nicht nur an die Eltern und die Erzieher, sondern an die ganze Gesellschaft, an alle, denen das Leben und die Zukunft der Jungen und Jüngsten nicht gleichgültig sind.

Die laute Stimme der Pädagogen sollte in Schlössern, Bürgerhäusern und Bauernhütten gehört werden, sollte jedenfalls jedermanns Ohren erreichen, um so oft wie möglich daran zu erinnern, dass in unseren Händen die Zukunft der Gesellschaft und das Glück der Kinder liegt, um so oft es geht an die Verantwortung zu appellieren, die auf uns lastet, für die moralischen Werte und das Glück derjenigen, die nach uns die Lebensarena betreten.«

Janusz Korczak: »Von Kindern und anderen Vorbildern«

Inhalt

Vorwort

»Es ist schon kurios – einerseits sieht man uns als Spieltanten, und wir stehen ganz unten auf der gesellschaftlichen Leiter. Andererseits sollen wir Ratgeberinnen und Rettungsanker in allen möglichen Lebenslagen sein.«
Kindergartenleiterin Ulrike, Berlin

Kindergärten sollen den Grundstein im institutionellen Bildungs- und Erziehungsbetrieb legen. Sie sollen die so wichtigen ersten Stimulanzen liefern, Kleinkinder zur Schulreife führen und so die Weichen für das spätere Leben stellen.

Doch der Kindergarten bereitet uns Kummer. Eltern sind zunehmend unsicher, ob ihre Kinder optimal betreut und vor allem gefördert werden. Die Erzieherinnen sehen sich mit übersteigerten Erwartungen von Müttern und Vätern konfrontiert und leiden unter ihrem geringen gesellschaftlichen Status – ganz zu schweigen von der aus ihrer Sicht unangemessenen Entlohnung. Beide Seiten müssen sich mit politisch vorgegebenen Rahmenbedingungen arrangieren, die sich dem Ideal, in Sonntagsreden gern propagiert, allenfalls annähern. Und das in einer Gesellschaft, die neuen Modellen in den Bereichen »Arbeit« und »Familie« noch immer skeptisch gegenübersteht.

Grund genug, den wirklichen Experten in einer von selbst ernannten Spezialisten dominierten Debatte über Bildung und Erziehung eine Stimme zu geben – nämlich den Erzieherinnen selbst. Sie und ihre Kollegen sind es, die um die Fähigkeiten

und Fertigkeiten der Kinder wissen, um die tagtäglichen Auseinandersetzungen mit den Eltern, um die gesellschaftlichen
und politischen Probleme.

Seit Politik und Medien die Kinder und ihre Bildungswege
entdeckten, begann ein Medienrummel, der den Kindergärten
und ihren Angestellten nicht guttut. Zwar feierte man vor ein
paar Jahren als Erfolg, dass Kindergärten von dem gemäch-
lichen Betreuungs- und Beschäftigungsgleis auf die flotte
Schiene der Bildung geschoben und dadurch quasi geadelt wurden, doch alle weiteren nötigen Schritte blieben auf der Strecke.
Das muss sich ändern.

Dieses Buch beschreibt aus der Perspektive von Erzieherinnen und Erziehern, wie Bildung und Erziehung in Kindergärten gelingen können und was sich verändern muss, damit
sie den Kindern und Eltern sowie den gesellschaftlichen Anforderungen insgesamt besser gerecht werden.

In den ersten zwei Kapiteln wird die gegenwärtige Situation der Institution Kindergarten und die der Kinder vor dem
Hintergrund der aktuellen Entwicklungen in unserem Land
beschrieben.

In den folgenden Kapiteln wird erörtert, welche Ansichten und Erfahrungen die Hauptakteure, Erzieherinnen und
Eltern, bewegen, was sie trennt oder vereint. Es wird darum
gehen, wie gemeinsame Probleme im oder mit dem Kindergarten zum Wohle der Kinder gelöst werden können, so dass er
ein gutes Umfeld für die altersgerechte Entwicklung und Förderung bietet.

Zum Schluss ist die Politik gefragt, und Lösungsvor-
schläge, die sich bereits in der Praxis bewährt haben, werden
unterbreitet.

Bei all unseren Ausführungen steht natürlich das Kind im Zentrum der Überlegungen. Spekulationen über Mögliches und Machbares stellen wir nicht an. Das Kindergartenkonzept, das wir beschreiben – und das wir auch schon mehrfach realisiert haben –, ist für uns das notwendige Optimum, also kein Gegenstand für Kompromisse.

Wir leben und arbeiten in Berlin. Hier machen wir unsere Erfahrungen mit Kindern, Eltern und politisch Verantwortlichen, hier kennen wir die Verhältnisse besonders gut. Da wir aber auch viel unterwegs sind und überall auf unseren Reisen zahlreiche Kindergärten besuchen, wissen wir ebenfalls um die bundes- und europaweit landesspezifischen Besonderheiten. Auch unsere Erfahrungen in den skandinavischen Ländern, die in Deutschland ja gerne als Vorbild zitiert werden, waren sehr lehrreich.

Die Zukunft Deutschlands wird im Kindergarten entschieden, denn die frühkindliche Bildung – das ist inzwischen unstrittig – legt den Grundstein für den weiteren Lebensweg eines Menschen. Das heißt nicht, dass Elternhaus und Kindergarten der Zukunft vorgreifen können, denn Kinder leben nun mal in der Gegenwart. Dabei gilt es, sie zu begleiten.

1. Kapitel

Neue Lebenswelten – Neue Bildungspolitik

»Wir Erzieherinnen sitzen nicht mit der Handtasche an der Buddel-
kiste und putzen nur mal eine Schnupfnase ab. Unser Job verlangt
Wissen, Nachdenken und Empathie.«
Gabi, Erzieherin, Berlin

Kinder leben heute in einer Zeit des raschen Wandels. Die
Welt verändert sich. Ländergrenzen spielen in Europa keine
Rolle mehr. Immer mehr Kinder leben in mehrsprachigen und
mehrkulturellen Familien. Sie sind in diversen Teilen der Welt
zu Hause, da ihre Eltern mit dem Arbeitsplatz oft auch das
Land, die Kultur und die Sprache wechseln.

Das Internet stellt jede Form von Wissen und Unterhal-
tung zur Verfügung, und der Übergang von der Industrie- zur
Wissensgesellschaft ist in vollem Gange.

Für die meisten Kinder ist der erste fremde Ort, an dem sie
weiter die Welt erkunden, der Kindergarten. Doch wird dieser
dem allgemeinen Wandel gerecht?

Es sieht schlecht aus. Erst vor einigen Jahren erwachte die
Institution aus dem Dornröschenschlaf, in den sie nach dem
Ableben des Kindergartenvaters Fröbel gefallen war. Nun versucht die morgentaumelige Prinzessin, die Welt um sich herum
zu begreifen und Anschluss zu finden.

Das stellt sich als schwierig heraus, denn plötzlich soll
der Kindergarten nicht mehr nur Betreuungsstätte, sondern
vor allem Bildungsanstalt sein. Willig und beflügelt von der
neuen Herausforderung machen Eltern und Erzieherinnen

sich auf den Weg. Geleitet von der Erkenntnis: Bildung muss im Kindergarten beginnen.

Als die Ergebnisse der PISA-Studie im Jahre 2002 verkündet wurden, stand Deutschland unter Schock: Das deutsche Schulsystem hat versagt. Da eine ehrwürdige Institution wie die deutsche Schule aber keinen Makel tragen darf, wurde sofort ein Schuldiger gesucht und gefunden: der Kindergarten, der seine Schutzbefohlenen nur unzureichend auf die deutschen Bildungstempel vorbereite und dies gefälligst ändern solle.

In der Folge wurde der Kindergarten zur Bildungsinstitution deklariert, Kindergartenplätze wurden geschaffen, und der Rechtsanspruch wurde eingeführt. Mit Hilfe von Sprachstandstests soll nun bestimmt werden, ob es Defizite in der Sprachentwicklung von Kindern gibt.

Aber ist es wirklich eine gute Idee, die Methoden einer versagenden Institution auf eine andere zu übertragen, um das System zu verbessern?

Hinzu kommt: Den Helfern und Doktoren am Krankenbett des unter Schock stehenden deutschen Bildungssystems war ein gravierender Fehler unterlaufen. Die Diagnose wurde falsch gestellt. Das Problem liegt nämlich nicht bei den Zulieferern, sondern in der sich ändernden Welt und dem dazu gar nicht passenden Beharrungsvermögen der Bildungsinstitutionen.

Falsche Diagnose, falsche Behandlung – also ist der Patient bis heute nicht genesen, sondern hat auch noch seinen Nachbarn angesteckt. Denn Bildungskindergärten sind bei weitem kein Garant für erfolgreiche Bildungsbiographien. Zumal man unter Bildung immer noch genau das versteht, was schon in der Schule Schiffbruch erlitt.

Etwas Gutes brachte diese Entwicklung aber doch. Viele

neue Kindergärten entstanden, und die seit Ewigkeiten konträren Institutionen Kindergarten und Schule kamen einander näher.

Die Wissensgesellschaft:
Ist der Kindergarten darauf vorbereitet?

Wissenschaftler sind sich darüber einig, dass das Leben in der postindustriellen Gesellschaft neuen Regeln folgen muss und neue Herausforderungen bereithält. Lösungsorientierung und Kreativität sind die Eigenschaften der Zukunft. Ideen sind wichtiger als Übungen, und Innovationen haben mehr Bestand als Zeugnisnoten.

Ende des letzten Jahrhunderts vollzog sich der Übergang von der produzierenden Gesellschaft zur Wissensgesellschaft. Dies brachte tiefgreifende Veränderungen mit sich. Innovationen bestimmen zunehmend den Markt. Menschen, die Ideen produzieren können und über Innovationskraft verfügen, sind auf diesem Markt überaus erfolgreich. Die damit verbundene Unabhängigkeit befreit ihr Denken und Handeln – ein Kreislauf, in dem neue Ideen entstehen und sich verbreiten.

Die gewachsene Bedeutung von Wissen als Ware und Produktionsmittel ist nicht mehr zu leugnen. Mit Wissen wird Geld verdient und wirtschaftlicher Erfolg begründet. Das Internet lässt Wissen zu einem öffentlichen Gut werden, zu dem jeder Zugang hat. Es wird nicht mehr nur von der älteren Generation an die jüngere weitergegeben, ist kein Privileg und Machtinstrument der Oberschicht mehr. Wissen ist frei zugänglich.

Da das Wissen in der Welt ständig wächst, ist es fatal, sich im Umgang damit – wie noch zu Humboldts Zeiten – auf Auswendiglernen zu beschränken. Vielmehr geht es darum, Zusammenhänge zu erkennen und zu verstehen sowie Bedeutungen zu erfassen.

Der Wandel der Gesellschaft birgt die Chance, Spezialisten auszubilden und einzubinden. Doch das Bildungssystem, noch in der Industriegesellschaft verwurzelt, wehrt sich dagegen.

Zukunftsforscher Matthias Horx macht als Ursache ein falsches Verständnis von Bildung aus: »Hintergrund dieses Sperrfeuers ist unsere starre, elitäre Vorstellung von Bildung, die im industriellen System noch ihre Berechtigung gehabt haben mag, in der Ökonomie des Wissens aber völlig ihren Sinn verliert. Viele Studien zeigen, dass eine Erhöhung des Humankapitals durch eine breite tertiäre Bildung die gesamte Wirtschaft anschiebt. Jedes Jahr an zusätzlicher Bildung, das eine Bevölkerung im Durchschnitt genießt, steigert das Bruttosozialprodukt um 3 bis 6 Prozent.«[1]

Zwar hat der Kindergarten diese Tendenz längst erkannt, doch kann er sich – seines schlechten Rufs in Sachen Bildung wegen – nicht darauf vorbereiten. Ganz davon abgesehen, dass nicht nur der Kindergarten aktiv werden, sondern dass das ganze Bildungssystem sich mit verändern müsste. Denn seine Strukturen, Methoden und Inhalte sind von der Philosophie und den Notwendigkeiten der inzwischen überlebten Industriegesellschaft geprägt. Doch wenn Wissen allgemein zugänglich ist, funktioniert belehren nicht mehr. Es scheint allerdings unfassbar schwer zu sein, sich davon zu lösen und das System den Herausforderungen der modernen Welt anzupassen.

Prof. Dr. Wassilios Fthenakis, Experte für Pädagogik in

Deutschland mit Lehrstuhl für Entwicklungspsychologie und Anthropologie an der Freien Universität Bozen, spricht vom »stabilen Instabilitätsbewusstsein«[2] der Menschen als grundlegendem Ziel aller heutigen Bildungsbemühungen, da die Anpassungsfähigkeit an eine sich ständig verändernde Lebensumgebung der Schlüssel für ein erfolgreiches und zufriedenes Leben ist.

Die Zielstellung des deutschen Bildungssystems besteht allerdings nach wie vor darin, Kontinuitäten zu schaffen und Sicherheitsdenken zu propagieren. Statt Entwicklung zu ermöglichen und Fähigkeiten zu fördern, werden überholte Inhalte mit überholten Methoden vermittelt. Deutsche Bildungsinstitutionen hängen einem − gesetzlich untermauerten − Bildungsgedanken an, der vor 150 Jahren fortschrittlich war, doch den Anforderungen der globalen gesellschaftlichen Entwicklung längst hinterherhinkt.

Demzufolge werden nicht allein unzählige Kinder der Chance beraubt, ihr Erwachsenenleben in der Wissensgesellschaft aktiv zu gestalten, weil sie die dazu erforderlichen Fähigkeiten nicht oder nur unzureichend erwarben. Der volkswirtschaftliche Schaden, den das Beharren auf überkommenen Strukturen, Werten und Methoden in deutschen Bildungsinstitutionen anrichten wird, ist ebenso hoch. Eine neue Studie des Ifo-Instituts für Wirtschaftsforschung weist nach, dass sich die »Kosten unzureichender Bildung in Deutschland bis zum Jahr 2090 [...] auf 2,8 Billionen Euro« belaufen werden.[3] Diese Kosten belasten die Zukunft heutiger Kinder.

Im Folgenden sind die wesentlichen Punkte genannt, die einen erfolgreichen Umbau unseres Bildungssystems verhindern:

- Die **Bildungsinstitutionen** konterkarieren die Idee eines einheitlichen Bildungssystems. Sie sind in sich geschlossen. Vom Kindergarten über die Grundschule, die weiterführende Schule bis hin zu den Berufsschulen oder Universitäten – jede Institution beharrt auf ihren eigenen Zielen, Methoden und Werten. Oft widersprechen sie einander und verhindern so den Anschluss an die nächste Stufe, was Brüche in den Bildungsbiographien der Kinder nach sich zieht, selbst wenn der Start im Kindergarten gelingt.
- Der **Bildungsföderalismus** behindert den gesellschaftlichen Konsens darüber, was Kinder lernen sollen und welche Lernmethoden dazu geeignet sind. Solange jedes Bundesland selbst festlegt, wie es bildet (eigene Gesetze und Verordnungen) und was unter Bildung verstanden wird (eigene Curricula), wird es keine Einigung auf gemeinsame Bildungsstandards geben. Dies belastet auch den Kindergarten, der sich in Deutschland 16 verschiedenen Bildungsprogrammen beugen muss.
- Das **Bildungssystem** ist nicht in der Lage, den Bildungsbedürfnissen der Kinder gerecht zu werden, weil es sich weigert, die bestehenden Bildungsinstitutionen zu überdenken. Zwar hat der Kindergarten als Institution sich einer Unzahl an pädagogischen Richtungswechseln gestellt, doch Montessori, Reggio, Situationsansatz und Co. verstärken die Diversitäten.
- Die **Bildungsmethoden** zielen noch immer darauf ab, Fakten zu repetieren, statt die Kinder zu befähigen, sich Sinnzusammenhänge zu erarbeiten. Auch der vom Kindergarten neu entdeckte Schwerpunkt »Bildung« ist davor nicht gefeit.

- Eine **Bildungsstrategie**, die ihr Augenmerk darauf legt, Schwächen aufzudecken, um sie zu beseitigen, statt Stärken zu fördern, trägt nicht zum Lebenserfolg von Kindern bei. Auch im Kindergarten wird aussortiert – neuerdings per Gesetz und Sprachstandserhebung.
- Ein **Bildungserfolg**, der keiner ist, weil das mit dem Abschluss verbundene Versprechen der Institution Schule heute nicht mehr gehalten werden kann. Das Motto: »Sei fleißig in der Schule, dann wird aus dir mal was!«, hat seinen Sinn verloren. Das verunsichert auch die Institutionen für die frühe Kindheit!
- Eine **Bildungshaltung**, die unauffällige fleißige Lerner bevorzugt, statt Kreativität und kritisches Denken zur Grundlage von Erfolg und gesellschaftlicher Anerkennung zu machen, zielt auf Anpassung und Duckmäusertum. Eltern von Kindergartenkindern kennen diese Haltung aus der eigenen Schulzeit und begegnen ihr nun wieder.
- Ein **Bildungsprozess**, in dem die Stärken der Eltern ausgeklammert werden, muss zwangsläufig verarmen. Die Bemühungen des Kindergartens, Eltern einzubeziehen, sind zwar sicht- und erlebbar, aber sie reichen nicht aus.
- Die **Bildungsreformen** implizieren ihr Scheitern, da man sich gesellschaftlich von vornherein einig ist, sowieso nicht genug Geld investieren zu können. Davon kann der Kindergarten ein Lied singen.
- **Bildungsakteure**, u. a. Erzieherinnen, deren Ausbildung vernachlässigt wurde und denen kaum gesellschaftliche Anerkennung zuteil wird, sind den Anforderungen nicht gewachsen oder geben auf.

Diskutieren ist gut – Ergebnisse wären besser

Doch es mehren sich Stimmen, die die bestehenden Missstände nicht mehr hinnehmen wollen und einen bundesweiten Diskurs über das deutsche Bildungssystem sowie eine Einigung über Ziele und Vorgehensweisen fordern.

Die Diskussion hat schon begonnen. Seit Bildung durch den PISA-Schock zum Politikum wurde, wird gestritten, behauptet und widerlegt. Schon fast zehn Jahre lang redet man sich die Köpfe heiß, ohne zu einer Einigung zu kommen.

Woran liegt das? Die Ursachen mögen vielfältig sein. Tatsache ist aber, dass eine gemeinsame Wertebasis fehlt. Vertritt jeder seine Werte ohne Konsensabsicht, lässt sich lange und trefflich streiten. Das ist im täglichen pädagogischen Geschäft nicht anders als in Politik, Gesellschaft und Wissenschaft.

Und solange die Diskussion über die Belange von Kindern auf der gesellschaftspolitischen Ebene Schlagseite hat, alle nur ihre Positionen wiederholen, kann man weder von Eltern noch von Erzieherinnen Wunder erwarten.

Hinzu kommt, dass zu viele Akteure an der Bildungsdebatte teilnehmen und Menschen, die wirklich etwas davon verstehen, kaum einbezogen werden. Schauspieler, Politiker, Tennisstars oder Musiker – alle haben etwas zum Thema »Kindererziehung« mitzuteilen. Doch solange Eltern, Kinder und Erzieherinnen nur am Rande in Erscheinung treten, obwohl sie direkt betroffen sind, bleibt die Einigung auf Ziele und Vorgehensweisen Utopie.

Nicht von ungefähr vermeidet man es in Deutschland seit Jahrzehnten, sich auf allgemeine, verbindliche Grundwerte zur Bildung und Erziehung der nachwachsenden Generation zu einigen. Es gibt keine Basis, auf der eine gemeinsame Vorstellung wachsen könnte, und daher auch kein politisch definiertes Ziel. Dieses Vakuum wird von diversen Interessengruppen genutzt, um eigene Ziele zu proklamieren. Und wer am lautesten schreit, wird am besten gehört.

Die Kirche sagt: Kinder gehören zur Mutter. Die Wirtschaft sagt: Kindergärten müssen hoch flexible Dienstleistungsunternehmen sein. Die Eltern sagen: Uns reicht es – wir machen unseren eigenen Kinderladen auf. Wissenschaftler, Gewerkschafter und Politiker versuchen, das Chaos zu entwirren und vergrößern es nur. Der von vielen Instanzen geforderte Diskurs, der der Bestimmung der Ausgangslage und, im zweiten Schritt, der Einigung auf Ziele und Vorgehensweisen dienen müsste, kommt nicht zustande. Nicht zuletzt der unerschöpflichen Anzahl von Nebenthemen wegen, die in den Diskurs eingebracht werden. Eine Beschränkung auf das Wesentliche wäre hier ebenso sinnvoll wie die Eingrenzung der Teilnehmer. Bringen immer neue Berufs- und Interessengruppen ihre Themen ein, wird es bis zum Sankt-Nimmerleins-Tag dauern, bevor es zu einer Einigung kommt.

Damit die gesellschaftliche Diskussion ein Ergebnis hat, muss sie vor allem von denen geführt werden, die etwas vom Thema verstehen: von Pädagogen und Eltern.

Die Kinder – Objekte der Erwachsenen wie eh und je – werden schon gar nicht nach ihrer Meinung gefragt. Wissenschaftler geben zwar wertvolle theoretische Hinweise und belegen ihre Thesen empirisch – aber natürlich jeder die seinen. Der Diskurs wird auf Nebenschauplätzen ausgetragen, die weit von der Lösung des Problems entfernt liegen. Denn an den Hauptthemen vorbeizudiskutieren, tut niemandem weh.

So wabert die Diskussion ziellos durch die Lande. Niemand nimmt ihre Stränge auf und führt sie zusammen, niemand trennt Sinnvolles von Sinnlosem und trifft Entscheidungen, niemand sucht nach dem kleinsten gemeinsamen Nenner.

Am Ende unserer Untersuchungen, im Abschlusskapitel des Buchs, unterbreiten wir Vorschläge, wie es vielleicht doch zu einer Einigung kommen kann.

2. Kapitel

Lasst den Kindern ihre Kindheit!
Kindsein in der heutigen Zeit

»Seht einmal der kleine Klaus
eine Fünf bringt er nach Haus!
Vater tobt und Mutter schreit
Klaus haut ab, er läuft ganz weit
er kommt nie mehr her
wird woanders Millionär.«
Jutta Richter[4]

Was Kinder später über ihre Kindheit erzählen werden, wissen wir nicht. Schauen wir ihnen zu, merken wir, dass vieles heute anders ist als das, woran wir uns erinnern.

Da immer mehr Menschen in Städten wohnen, leben immer weniger Kinder im direkten Bezug zur Natur. Die meisten Wege legen sie im elterlichen Auto zurück, ihre Zimmer quellen von Spielzeug über. Sie verbringen weitaus mehr Zeit mit ihren Eltern als vorangegangene Generationen, werden behütet und begleitet, wo immer es geht. Werden sie älter, kennen sie sich mit moderner Technik weit besser aus als die meisten Erwachsenen und haben mehr von der Welt gesehen als ihre Altersgenossen vor zwanzig Jahren.

An einer solchen Kindheit ist nichts besser oder schlechter als früher. Sie ist nur anders.

Viele Erwachsene glauben, es hänge von ihnen ab, ob eine Kindheit gelinge. Das stimmt nur zum Teil, denn Kinder leben ihre Kindheit weitgehend selbst.

Um das Leben der Kinder so gut wie möglich zu gestalten,

überfordern sich viele Erwachsene. Sie wissen nicht genau, welches Vorgehen richtig ist, denn die Welt hat sich verändert, und die Konzepte von Kindheit hinken hinterher, widersprechen einander und konkurrieren miteinander.

In der Geschichte der Menschheit wandelte sich das Bild von Kindheit immer wieder. Der *Struwwelpeter*, Rousseaus *Emile* oder das göttliche Kind der Reformpädagogik – die Vorstellungen waren und sind verschieden. Dennoch steckt vieles davon in unseren Köpfen, tritt – je nach Situation – zutage und wird angewendet.

Bekam der Großvater, als er ein Junge war, zu hören: »Kindswille ist Dreck wert«, war das keineswegs allein seiner Zeit geschuldet. Maria Montessoris Satz »Hilf mir, es selbst zu tun« stammt aus der gleichen Zeit.

Mit welchen pädagogischen Traditionen und Werten begegnen Eltern heute dem Kindergarten? Wie können Erzieherinnen sich auf die verschiedenen Denkweisen und Vorstellungen, die ihnen begegnen, einstellen?

Hinzu kommt der bereits erwähnte Wandel unserer Lebenswelt, verbunden mit zunehmender Unsicherheit, der zu Irritationen bei Eltern wie Pädagoginnen führt – und das hat Folgen. Wir werden darauf eingehen.

Zunächst einmal: Viele Kinder leben heute in harmonischen und glücklichen Familien. Nie gab es so viel Verständnis, Einfühlung und Wohlstand, so viele Chancen, etwas zu lernen und sich zu verwirklichen. Oft bilden die Kinder den Mittelpunkt der Familie. Sie werden als Persönlichkeiten respektiert und sind viel freier in ihren Entscheidungen als die Generationen zuvor. Deshalb favorisieren Eltern nicht nur traditionelle Erziehungsziele wie Pünktlichkeit und Fleiß, sondern wünschen sich, dass ihre Kinder selbstbewusst und willensstark werden, dass sie Fähigkeiten entwickeln, die ihren Interessen entsprechen. Wer solche Ziele verfolgt, muss sich seiner Elternschaft bewusst sein.

Wer seine Kinder noch vor einigen Jahren im Kindergarten anmeldete, wusste sie betreut, beschäftigt und bespielt, denn Fröbels Idee von der geschützten Kindheit wurde lange bewahrt.

Die Sicherung von Grundbedürfnissen, der Schutz und die Anregung kleiner Kinder waren zu Beginn des Industriezeitalters eine dringende Notwendigkeit. In den Städten und Industriezentren wurde das Lebensumfeld immer kinderfeindlicher. Beide Eltern mussten für den Lebensunterhalt der Familie arbeiten, soziale Sicherungssysteme, wie wir sie heute kennen, gab es nicht. Säuglinge lagen unter Webstühlen, Kleinkinder krabbelten zwischen Waschbottichen umher oder blieben den älteren Geschwistern überlassen. Es war überlebensnotwendig, sie an die frische Luft und in eine beaufsichtigte Umgebung zu bringen, die ihren Entwicklungsbedürfnissen gerecht werden konnte.

Später war der Kindergarten eine reine Aufbewahrungsanstalt, und im westlichen Teil Deutschlands nur als Notlösung für Kinder arbeitender Mütter verbreitet. Heute hat er einen Bildungsauftrag.

Viele Kindergärten nehmen diesen Auftrag sehr ernst und orientieren sich in der Umsetzung an der Schule. Sie übersehen, dass die Schule den Anforderungen gelingender Lernprozesse mittlerweile nur noch unzureichend gerecht werden kann. Dennoch bestätigen Eltern den Kindergarten in seinen Bemühungen, der Schule möglichst nahezukommen.

Doch Kindheit ist *per se* vom Spiel geprägt. Das liegt in der Natur der Sache, denn Kinder lernen während sie spielen. Außerdem vollziehen sich die Entwicklung des kindlichen Gehirns, das Heranwachsen des Körpers, das Einfügen in soziale Strukturen in Etappen und Zeitspannen, die ihre Eigenarten haben. Jedes Kind hat ein Recht auf Spiel und Erfahrungslernen, ob im Kindergarten oder zu Hause.

Kindheit findet heute zwischen Elternhaus und Institution statt. In diesem grundlegend positiven Kontext finden sich jedoch bedenkliche Tendenzen, auf die wir im Folgenden eingehen wollen.

Kindheit heute

Kinder vor allem beschützen zu wollen ist nicht sinnvoll, da es sie in den Möglichkeiten beschneidet, die Kindheit bietet. Überbehütete Kinder haben kaum Freunde, wenn ihre Schule nicht in ihrem Viertel liegt. Sie dürfen nicht auf Straßen und Höfen spielen, weil dies in den Augen der Eltern viel zu gefährlich ist. Sie werden überall hingebracht und abgeholt – kein Weg ist zu weit. Ihre Eltern verzichten dafür auf Zeit und Geld.

Auch die Kinder müssen verzichten: auf blutende Nasen, zerschrammte Knie und zerrissene Hosen, auf Abenteuer, Auseinandersetzungen unter Gleichaltrigen und Freundschaft, auf Geheimnisse und Phantasie, Kreativität und Freiheit, die auf dem Hof, im Wald und an der Straßenecke zu erleben sind.

Rodeln – aber vorsichtig

So viel Schnee gab es seit Jahren nicht mehr. Auf jedem Hügel
der Stadt tummeln sich Menschen. Tom geht mit den Eltern
rodeln.

»Warte bitte, fahr nicht allein. Du kannst nicht lenken.«
»Nicht diesen Berg, die Abfahrt ist zu steil für dich.«
Der Viereinhalbjährige sitzt mit seinem Vater auf dem Schlit-
ten, bis wirklich niemand mehr auf dem Hang zu sehen ist.
Während der Fahrt stemmt Papa die Füße so fest in den
Schnee, dass es nur im Schneckentempo vorangeht. Nach
zwei Fahrten ruft Mama: »Nun sind wir aber durchgefroren!
Schnell nach Hause, sonst verkühlt sich Tom!«
Auch die Kindergartengruppe freut sich über den Schnee.
»Morgen gehen wir im Park rodeln«, sagt Sabine, Toms Er-
zieherin.
»Wer begleitet die Kinder?«, will Toms Mutter wissen und ver-
strickt die Pädagogin in eine Diskussion über die Gefahren des
Rodelns, über die Aufsichtspflicht und darüber, wie lange sich
Kinder bei Minusgraden draußen aufhalten dürfen. Schließlich wünscht die Mutter, dass Tom nicht mit zum Rodeln geht,
sondern in der Kita bleibt.
Das sei eine tiefe Enttäuschung für das Kind und würde Perso-
nalprobleme bereiten, entgegnet die Erzieherin. »Wir können
doch niemanden extra für Tom abstellen.«
Am nächsten Morgen wird Tom von seiner Mutter krankge-
meldet.

Dass es nicht allein ums Rodeln geht, weiß Toms Erzieherin.
Auch mit anderen Eltern trägt sie täglich ähnliche Diskussionen aus. Das freie Spiel im Garten, der Kletterbaum, das Höh-
lenbauen im Gebüsch und viele andere Aktionen stehen in
der Kritik, weil sie in den Augen der Eltern Risiken bergen.

Passiert tatsächlich einmal was – ein geprelltes Knie, eine Schramme im Gesicht, ein blauer Fleck am Oberschenkel –, heißt es vorwurfsvoll:»Das musste ja so kommen!«

Dass Eltern sich um ihre Kinder sorgen, ist verständlich. Doch muss diese Sorge so weit gehen, dass Kinder nichts mehr ausprobieren dürfen, ohne von Erwachsenen mit Argusaugen bewacht zu werden?

Der Albtraum aller Eltern: T. verschwand spurlos vom Spielplatz, C. wurde auf dem Weg zur Schule überfallen, den kleinen R. übersah ein Rechtsabbieger und überfuhr ihn. Und der entsetzliche Tod von K., der sich in der Kita strangulierte, weil sein Schal im Klettergerüst hängenblieb!

Wie wirken solche Meldungen und Berichte auf Eltern? Natürlich ist ihnen nichts wichtiger, als dass es ihren Kindern gutgeht, dass sie eine glückliche, von solchen Dingen unbelastete Kindheit haben, dass sie gesund aufwachsen. Vor dem Hintergrund der medial gesteigerten Emotionsflut nimmt das Bemühen um die Sicherheit ihrer Kinder zu – eine normale menschliche Reaktion. Auch Toms Mutter hatte von dem Fall eines Kindes gehört, das beim Rodeln verunglückte. Doch wie lässt sich verhindern, dass solche oder andere Unglücksfälle dem eigenen Kind widerfahren? Wie lässt sich verhindern, dass ein Fahrer für eine Sekunde einschläft und den Schulbus gegen einen Baum setzt? Wie lassen sich Entführungen oder Überfälle verhindern?

Gar nicht. Unglücke lassen sich nicht verhindern. Wäre das möglich, gäbe es keine.

Und noch etwas verunsichert Eltern: Was, wenn die Nachbarn uns für nachlässig und sorglos halten, weil wir unsere neunjährige Tochter sonntags allein zum Bäcker an der Ecke schicken? Was denken die anderen Eltern auf dem Spielplatz, wenn wir abseits auf der Wiese liegen und lesen, während unser Vierjähriger sich auf der Rutsche und dem Kletterbaum vergnügt? Vernachlässigen wir ein Kind, wenn wir es nicht auf Schritt und Tritt begleiten? Handeln wir fahrlässig, wenn wir eine Achtjährige allein mit dem Bus zur Schule schicken?

Diese Fragen gab es vor einigen Jahrzehnten noch nicht. Sie sind ein Zeichen für eine Veränderung in unserer Gesellschaft.

Noch in der vorigen Generation war es normal, dass Kinder allein im Park spielten, bis es dunkel wurde. »Komm nach Hause, wenn die Laternen angehen«, hieß es. Es war normal, dass Kinder nach der Einschulung den Schulweg allein zurücklegten. Und es galt als Selbstverständlichkeit, Sechsjährige zum Milchholen in den Laden an der Ecke zu schicken.

Betrachtet man die heutige Elterngeneration, ist es keineswegs übertrieben zu behaupten, dass Kinder bis weit ins Schulalter hinein die meiste Freizeit unter Aufsicht Erwachsener verbringen, die ihr Tun kommentieren und reglementieren. Ein Blick auf den nächsten Spielplatz beweist: Im Verhältnis zur Anzahl der Kinder ist die Anzahl erwachsener Personen drastisch gestiegen. Von allen Seiten tönt es: »Christian! Leg den Stock weg, der ist zu spitz! Klettere nicht auf den Baum! Wenn du herunterfällst, brichst du dir was! Warte, ich halte dich fest.«

Wie sollen Kinder in der reglementierten Welt besorgter Erwachsener die Erfahrungen machen, die sie brauchen, um groß und selbständig zu werden?

Das Sicherheitsdenken vieler Eltern, die gut gemeinte Fürsorge hindert die Kinder daran, ein eigenes Risikobewusstsein auszubilden. Wie sollen sie lernen, was zu hoch ist, wenn sie nie irgendwo herunterfallen dürfen? Wie sollen sie lernen, sich im Straßenverkehr zurechtzufinden, wenn sie immer begleitet werden?

Auch der Kindergarten steht aufgrund des erhöhten Sicherheitsdenkens unter Druck. Erzieherinnen wissen, wie wichtig es für Kinder ist, sich selbständig bewegen zu können. Sie schaffen Rückzugsräume, in denen Kinder auch unbeobachtet agieren können. Sie ermöglichen Erfahrungen. Doch sie sind zunehmendem Rechtfertigungsdruck ausgesetzt und müssen Kompromisse eingehen – auf Kosten der Kinder. Statt in den Park geht es auf den Indoor-Spielplatz mit Gummiböden. Stöcke werden durch Schaumstoffdegen ersetzt. Und der Ausflug in den Wald gerät zur Stippvisite im Botanischen Garten. Alles schön unter Kontrolle halten! So wird der Kindergarten zur Sicherheitszone.

Zunehmende Reglementierung, die die Freiheit der Kinder beschränkt, führt nachweislich zu mehr Unfällen. In Kindergärten, deren pädagogische Konzepte und deren offen gestaltete Tagesabläufe viel Freiraum bieten, werden weniger Unfälle gezählt als in Kindergärten, die gruppenbezogen arbeiten. Das ist keine Zauberei, sondern darauf zurückzuführen, dass Kinder, die Erfahrungen machen können, ihre Körperbeherrschung trainieren und ein Gespür dafür entwickeln, was riskant oder gefährlich ist.

Es fällt nicht leicht, vermeidbare Risiken von Gefahren zu unterscheiden, auf die man als Erwachsener kaum Einfluss hat. Eltern wie Erzieherinnen müssen deshalb in der Lage sein, den Entwicklungsstand der Kinder einzuschätzen und einzuordnen. »Kann man Max das schon zutrauen?« Das ist die Frage, die dahintersteht.

Selbstverständlich kann man kein zweijähriges Kind vollkommen unbeaufsichtigt im Garten spielen lassen. Doch kann man einen Vierjährigen auf dem Spielplatz toben lassen, während man auf der Wiese liegt und immer mal einen Blick in seine Richtung wirft?

Pauschale Antworten auf solche Fragen gibt es nicht. Erzieherinnen wissen: Von der Reife der Kinder, von der Umgebung, von der Situation und vielen anderen Faktoren hängt ab, was möglich und verantwortbar ist. Fakt ist aber, dass man Gefahren nicht von Kindern fernhalten kann, indem man ständig »Nein« oder »Warte, wir machen das zusammen« sagt.

Eltern müssen ihren Kindern etwas zutrauen und zumuten. Sie müssen wieder ein Gespür dafür entwickeln, was geht und was nicht. Wir alle müssen zur Normalität zurückkehren. Wir sollten die Fakten beachten und uns durch Schlagzeilen nicht aus dem Takt bringen lassen. Am besten beschützen wir unsere Kinder, indem wir ihnen die Freiheit lassen, ein Bewusstsein für Risiken auszubilden, indem wir ihnen Erfahrungen ermöglichen.

Eigentlich hat die Natur Eltern eine Art Intuition mitgegeben zu entscheiden, was sie Kindern wann zutrauen können. Auf dieses natürliche Gefühl, was dem eigenen Kind schadet und was nicht, müssen Eltern vertrauen.

Dabei können Erzieherinnen helfen. Sie nehmen die Entwicklung der von ihnen betreuten Kinder aus einer anderen Perspektive wahr und können Eltern vorschlagen, wie in bestimmten Situationen sinnvoll entschieden werden kann. Gerade weil solche Entscheidungen immer von den individuellen Voraussetzungen und dem Entwicklungsstand der Kinder abhängen, lohnt es, dass Eltern und Erzieherinnen sich austauschen.

Vom Umgang mit dem »unvollkommenen« Kind

Eltern haben das Glück und das Recht, sich an der Entwicklung ihrer Kinder und an deren Aufwachsen zu freuen. Kinder hingegen haben das Recht auf eine Kindheit, in der die Eltern nicht immer vorkommen, obwohl sie den Rahmen dafür schaffen.

Leider gestehen Eltern ihren Kindern die Freiheit, eigene Erfahrungen ohne Begleitung sammeln zu können, immer seltener zu. Natürlich bergen Freiräume auch Gefahren. Aber das Aufwachsen der Kinder lässt sich nicht vollständig kontrollieren oder planen. Wer Mutter oder Vater wird, muss sich beizeiten für den Umgang mit dem Misslingen wappnen, denn das eigene Kind kann man nicht umtauschen.

Was bedeutet es für die Erzieherin, wenn sie bei einem Kind eine Anormalität feststellt? Was tut sie, wenn Eltern das nicht wahrhaben wollen oder dem Kindergarten Schuld zuweisen? Wie spricht sie mit den Eltern? Wie vermittelt sie in einer lebensbejahenden Umgebung wie dem Kindergarten, dass Scheitern zum Leben gehört?

Lisa – ein Fall für den Kinderarzt?

Die vierjährige Lisa ist ein stilles Kind. Sie geht gern in den Kindergarten, kann sich aber morgens nur schwer von ihren Eltern trennen. Mit den Kindern ihrer Altersgruppe ist sie nicht gern zusammen. Viel lieber spielt sie mit den jüngeren Kindern.

Auf dem Klettergerüst hat man Lisa noch nie gesehen. Ihre Versuche auf der Schaukel in Schwung zu kommen, scheitern jämmerlich.

Neulich schnitten alle Kinder Blütenblätter aus, um Blumen aufzukleben. Auf Lisas Blatt war nur ein buntes Chaos ent-

standen. Am Nachmittag tröstet die Erzieherin Lisas ent-
täuschte Mutter. »Ja, die Lisa ist eben ein bisschen zurück.
Vielleicht verwächst sich das noch. Aber ich würde mit ihr
doch lieber mal zum Kinderarzt gehen.«

Was der Arzt Lisas Mutter empfahl, wissen wir nicht. Aber
jede Art von Diagnose zerstört den Elterntraum vom perfekt
gelungenen Nachwuchs. Mit einem Kind, das irgendwie anders ist, zappelt, andere Kinder haut oder beisst, werden Eltern auf dem Spielplatz und im Freundeskreis schnell ausge-
grenzt. Besonders extrem kann es werden, wenn Eltern sich
im Kindergarten zusammentun und den Ausschluss des Zap-
pelphilipps aus der Gruppe fordern.

Elternbrief
Sehr geehrte Frau M.,
wir Eltern haben uns zusammengetan und überreichen Ihnen
heute diesen Brief. Es geht um die Kinder in der Bärengruppe.
Sie leiden unter dem Benehmen von Moritz. Der Junge ist of-
fensichtlich verhaltensauffällig. Wir müssen auch feststellen,
dass die Gruppenerzieherinnen M. und H. keine Konzepte für
den Umgang mit dem Jungen haben, der ständig andere Kinder malträtiert.
Wir möchten Sie deshalb auffordern, Moritz aus der Kindergruppe zu entfernen.

Anbei: Liste der Unterschriften besorgter Eltern

Wenn es um die Gefühle von Eltern geht, deren Kinder langsam denken, ungeschickt oder aggressiv sind, können Eltern,
deren Kinder gewitzt und elegant durch die Kindheit kom-

men, nicht mitreden. Unsere auf Erfolg gepolte Gesellschaft hat für verlangsamte Entwicklungsprozesse oder auffälliges Verhalten nichts übrig. Ist so ein Kind erst einmal identifiziert, wenden sich andere Eltern ab. Sie möchten die eigenen Kinder nicht gern mit einem »Makel« in Kontakt bringen.

Was soll die Erzieherin tun? Wichtig ist, dass sie Eltern, deren Kinder nicht so erfolgreich sind, bereits im Kindergarten stärken.

Doch oft vermissen Erzieherinnen in solchen Situationen die Ausbildung in Gesprächstechniken und Grundwissen über Entwicklungsstörungen oder Therapiemöglichkeiten schmerzlich. Wer nicht für Fortbildungen zu diesen Themen sorgt, kann den Kindern und ihren Eltern in schwierigen Situationen kaum helfen. Das ist schlimm, weil gegenwärtig immer mehr Kinder mit Defizitdiagnosen belegt werden. Liegt das vielleicht daran, dass der Trend in Richtung Erfolgselite zunimmt? Ein Trend, der im Umkehrschluss immer mehr Kindern bescheinigt, dass ihre Ausstattung mit Begabungen und Kompetenzen »unzureichend« ist?

Elternbrief
Sehr geehrte Frau B.,
unsere Eileen (4 Jahre) ist sehr intelligent. Das sehen wir vor allem zu Hause, wenn wir mit ihr Rechnen üben. Allerdings können wir nicht feststellen, dass Sie im Kindergarten Eileens Fähigkeiten fördern. Nie bringt Eileen eine Arbeit mit nach Hause, die über einfache Spielereien hinausgeht.
Stattdessen sprach uns letzte Woche Eileens Erzieherin B. an. Sie hatte doch tatsächlich den Schneid, Eileen unterstellen zu wollen, dass sie sich nicht in die Gruppe integrieren kann. Das ist ja wohl erstens die Aufgabe des Kindergartens. Und zwei-

tens: Wie soll sich unser Kind mit Kindern anfreunden, die ihm nicht das Wasser reichen können?
Wir werden uns über diesen Mangel an pädagogischer Qualität bei der Kindergartenaufsicht beschweren.

Mit freundlichen Grüßen
Familie Sch.-K.

Solche Briefe sind keine Seltenheit. Manche Eltern sind geneigt, einen Schuldigen zu suchen, sobald ein Problem in der Entwicklung ihres Kindes auftritt, und finden die Erzieherin.

Es ist müßig, nach Schuldigen zu fahnden. Viel sinnvoller ist es, wenn Kindergarten und Elternhaus eng zusammenarbeiten, um für das Kind die bestmögliche Förderung zu organisieren.

Leider gelingt dies eher selten. Eltern sind oft tief erschrocken über die in ihren Augen nicht normal verlaufende Entwicklung ihres Kindes. Zukunftsangst, Scham und Verzweiflung stecken hinter ihren Drohgebärden und Machtdemonstrationen gegenüber dem Kindergarten.

Es ist schwer für Erzieherinnen, in solchen Fällen den richtigen Umgang zu finden und die Eltern im Interesse des Kindes einzubinden. Um das zu schaffen, brauchen Erzieherinnen regelmäßiges Training und Coaching. Leider lässt ihre Arbeitszeit dies ebenso wenig zu wie das knappe Budget.

Dennoch muss jedes Kindergarten-Team sich über einen Begriff von Normalität verständigen, der weit gefasst ist. Traumsusen und Katastrophenheinis gehören genauso zur Gruppe wie Schlaumeier.

Ein Elternabend reicht nicht aus, um alle Eltern auf diesen Konsens einzuschwören.

Ein sogenannter gemeinsamer Wertegrund könnte der Anfang sein. Auch Elternbildung würde gut in den Kindergarten passen. Doch um Experten zu diesen Themen einzuladen, fehlt den meisten Kindergärten das Geld. Die Veranstaltung selbst durchführen? Den meisten Erzieherinnen fehlt es an Wissen, Methodik und Mut, um das zu wagen. Deshalb bleiben gelingende Elternbildungsprogramme leider die Ausnahme.

Wäre der Kindergarten nicht ein guter Ort, um Eltern auf die Herausforderungen vorzubereiten, die nach dem Kindergarten auf sie zukommen könnten? Schulprobleme, Pubertätskrisen, Krankheiten und Unfälle können Eltern-Kind-Beziehung auf harte Proben stellen. Wer sich dagegen wappnet, ist gut beraten. Der Kindergarten könnte dazu einen Grundstein legen.

Ein Kindergarten, der jedem Kind eine ihm angemessene Bildung und Entwicklung zugesteht, muss über diverse Förderprogramme und Kapazitäten für Therapiestunden verfügen. Doch davon können betroffene Kinder, Eltern und Erzieherinnen im Augenblick wohl nur träumen, und die Konflikte sind vorprogrammiert.

Ein gemeinsam erarbeiteter Wertegrund, der im Kindergarten aushängt, könnte Abhilfe schaffen.

Wertegrund
Ein Wertegrund[5] ist ein Aushang im Kindergarten, auf dem die grundlegenden Vereinbarungen, die zwischen Eltern, Kindern und Pädagogen getroffen wurden, festgehalten werden.

Was ist uns wichtig?
Wie wollen wir miteinander umgehen?
Worauf achten wir besonders?
Ein Wertegrund wird mit den Kindern aufgestellt, auf dem Elternabend ergänzt und danach ausgehängt. Mindestens ein Mal im Jahr sollte er auf Aktualität überprüft und eventuell überarbeitet werden.

Wertegrund des Kindergartens »Hasenhaus«
Jeder ist wichtig für uns.
Wir wollen unsere Regeln einhalten.
Wir können Fragen stellen und eigene Antworten finden.
Wir wollen einander nicht wehtun und andere nicht auslachen.
Wir gehen rücksichtsvoll mit den Materialien um.
Wir schützen die Natur.
Wir wollen miteinander offen und respektvoll umgehen.

Bilingualer Etikettenschwindel

Immer mehr Eltern stellen hohe Erwartungen an die kognitive Leistungsfähigkeit ihrer Kinder. Sie scheuen weder Kosten noch Mühe, die Intelligenz ihrer Kinder zu steigern. Jährlich geben sie für Nachhilfestunden pro Jahr mehr als 1 Milliarde Euro aus – das ist mehr, als die Fast-Food-Kette Burger King jährlich in Deutschland umsetzt.[6]

So müssen Kinder immer früher Fremdsprachen pauken. Doch um eine neue Sprache erlernen zu können, muss man in der Muttersprache zu Hause sein. Und: Das kindliche Gehirn muss zum Lernen bereit sein.

»Auch bei uns gibt es Eltern«, berichtet eine Erzieherin,

»die Frühenglisch vorschlagen. Wenn schon, dann wäre Früh-türkisch in Berlin-Kreuzberg angemessener. Welche Sprache die Kinder lernen – von der Muttersprache jetzt mal abge-sehen –, muss doch etwas mit ihrer Lebensumwelt zu tun haben.«

Warum fragt niemand Eltern aus mehrsprachigen Fami-lien? Sie können davon berichten, mit welchen Entwicklungs-verzögerungen ihre Kinder beim gleichzeitigen Erwerb von zwei Sprachen zu kämpfen haben.

Dies hören Eltern, die ihre Kinder in bilinguale Krippen bringen, nicht gern. Manche Eltern »unterrichten« ihre Kin-der sogar zu Hause, obwohl ihre fremdsprachlichen Kompe-tenzen eher bescheiden sind.

Bread and tears

»Wir versuchen, mit Finn so oft wie möglich Englisch zu spre-chen«, erklärt die stolze Mutter ihren Bekannten. »Finn ist jetzt in einer bilingualen Kita angemeldet. Das kostet zwar einiges mehr, aber dafür wird Finn es später in der Schule und im Beruf leichter haben.«

Das Gespräch beim Abendessen ist mit englischen Wörtern gespickt: bread, butter, knife. »Please, give me the milk«, spricht Mama vor, die ein Buch mit Lektionen neben ihrem Tel-ler zu liegen hat. Nennt Finn das falsche Wort, muss er auf das Gewünschte warten und das richtige Wort so lange nachspre-chen, bis Mama glaubt, dass es sitzt.

Eine Sprache im Alltag zu erlernen sei am effektivsten, sind Finns Eltern überzeugt. Und Abendbrot ist Alltag.

Finn ist grade drei Jahre alt geworden. Seit einem Jahr lernt er, einfache Sätze in seiner Muttersprache zu bilden. Er spricht deutsch und ist – wie alle Kinder in diesem Alter – täglich auf der Suche nach neuen Bezeichnungen für die Dinge, die ihn umgeben. Doch die Vokabelpaukerei bringt ihn durcheinander, und das Abendbrot schmeckt ihm auch nicht mehr richtig. Dass seine Mutter ihn nur dann zu mögen scheint, wenn er die seltsamen Wörter wiederholt, die aus ihrem Mund kommen, irritiert ihn und macht ihn traurig.

Unter Eltern kursiert der Mythos, wer nicht in der Lage sei, wenigstens eine Fremdsprache zu sprechen, bekomme keinen oder nur einen schlecht bezahlten Job. In der global kommunizierenden Wissensgesellschaft könne nur bestehen, wer mehr als eine Sprache beherrscht.

Eltern und Erzieherinnen wollen selbstverständlich auch in dieser Hinsicht das Beste für die Kinder. Das Beste, das heißt für sie Englisch zu lernen. Oder besser gleich Mandarin.

Eltern vermuten, es sei viel zu spät, erst in der 5. oder 7. Klasse mit dem Fremdsprachenerwerb zu beginnen. Diese Annahme ist in den Gesprächen auf dem Spielplatz längst zur Gewissheit geworden. Man ist sich sicher: »Allein auf der Grundlage seines Schulenglischs hat noch keiner in Oxford bestanden oder ist ein global player geworden.«

Was also tun, um den Fremdsprachenerwerb des eigenen Nachwuchses anzukurbeln? So früh wie möglich damit anfangen, nicht erst in der Schule. Eltern schicken ihre Kinder in bilinguale Kindergärten – und sind überzeugt davon, dies sei eine gute Grundlage für den Fremdsprachenerwerb. Selbst bilinguale Krippen werden in Erwägung gezogen – und nicht nur von einer Minderheit. Eltern kaufen englischsprachige Bilderbücher und radebrechen zu Hause herum. Abends werden Hörspiele in englischer Sprache in den CD-Player geschoben, in der Hoffnung, dass die kleinen Gehirne im Schlaf lernen. Dabei übersehen die Eltern, dass die Kinder in einem Alter sind, in dem sie gerade ihre Umwelt erkunden und versuchen, den Dingen in der Muttersprache Namen zu geben.

Die Farbenlampe

Lotta ist zwei Jahre alt. Auf ihrem Geburtstagstisch steht eine kleine Lampe, die im Minutentakt die Farben wechselt. Rot, Blau, Grün und wieder von vorn. Wie gebannt betrachtet Lotta das Wechselspiel.
Die Mutter setzt sich zu Lotta und sagt: »Sieh mal, jetzt ist die Lampe rot. Jetzt wird sie blau ...«
Wenige Tage später beobachtet die Mutter, wie Lotta im Kinderzimmer zu ihrer Lampe spricht. Immer, wenn die Farbe wechselt, sagt Lotta: »Rot, blau ...«

Lottas Gehirn befindet sich in einer explosionsartigen Entwicklungsphase, die es ihr ermöglicht, Begriffe mit Gegenständen zu verbinden. Diese neue Fähigkeit trainiert sie mit Lust.

Das Beispiel zeigt: Bei allen Bemühungen um den frühzeitigen Spracherwerb muss berücksichtigt werden, dass die organische Entwicklung wesentliche Voraussetzungen für die kognitive Entwicklung schafft. Anders gesagt: Kinder können eine Sprache erst erlernen, wenn ihr Gehirn entsprechend entwickelt ist.

Man kann die natürliche Entwicklung nicht überlisten oder gar beschleunigen: »Gegen Ende des zweiten Lebensjahrs kommt es zu einer regelrechten Sprachexplosion, der sogenannte ›Balken‹ verbindet nun die beiden Gehirnhälften. So wird das Wort, das in der linken Hemisphäre verarbeitet wird, mit dem Bild aus der rechten Hälfte vernetzt. Zudem wird das

Stirnhirn, der präfrontale Kortex, aktiver und stärker mit den anderen Hirnregionen verbunden und übernimmt jetzt das Kommando.«[7]

Lotta ist in diesem Alter. Mit großer Begeisterung wiederholt sie die Wörter, die sie ihrer Mutter im Alltag abgelauscht hat. Die Mutter spricht Deutsch mit ihr, die Muttersprache eben. Es ist noch ein langer Weg, bis sich in Lottas Gehirn das Wort »rot« mit der Farbe Rot verknüpft hat. Erst dann wird sie in der Lage sein, die Farben der Gegenstände, die sie umgeben, sicher zu benennen. Welch ein Durcheinander entstünde in Lottas Kopf, käme die Mutter auf die Idee, plötzlich das Wort »red« zu rufen. Solch ein Verhalten wäre für Lotta unerklärlich und fände kein Äquivalent in ihrer Umgebung.

Wer dies zur Kenntnis nimmt, weiß: Englisch-Training in der Krippe ist Unfug. Denn bei den meisten Kindern unter drei Jahren ist die Gehirnentwicklung noch nicht entsprechend weit fortgeschritten. Das kleine Gehirn ist noch nicht bereit für ein Wortschatztraining. Es ist viel zu sehr damit beschäftigt, die Erfahrungen, die das Kind macht, in Synapsenverbindungen umzusetzen. Eltern täten gut daran, Geduld zu haben, denn es braucht Zeit, Erfahrungen zu verarbeiten.

Etwas ältere Kinder wie Finn werden abgefragt: »Sag mal Tisch auf Englisch! Was heißt Teller?« Im Internet gibt es Sprachschul-Plattformen für Vorschulkinder. Der Lehrmittelmarkt für den Vorschulbereich quillt über von Büchern, CDs, Videos und Computerprogrammen, die den Spracherwerb fördern sollen. Dabei haben Hirnforscher längst bewiesen, dass diese Art des Lernens nichts bringt. Doch solche Ergebnisse dringen in das Bewusstsein mancher Eltern nicht vor.

Wer sich in Europa umschaut, stellt fest, dass es Länder

gibt, in denen Kinder von klein auf mehrere Sprachen sprechen, ohne etwas Ähnliches wie die hierzulande so beliebten Lernhilfen jemals zu Gesicht bekommen zu haben. In Luxemburg zum Beispiel sprechen die Kinder Französisch, Deutsch und Luxemburgisch, wechseln zwischen den Sprachen wie Profis. Das liegt an der mehrsprachigen Kultur dieses Landes und nicht daran, dass die kleinen Luxemburger frühzeitig die Sprachschulbank drücken mussten. Seit Generationen sind sie gewohnt, in ihrem Lebensumfeld mehrsprachig zu kommunizieren – ob im Supermarkt, an der Tankstelle oder beim Bäcker. Die Eltern unterhalten sich in verschiedenen Sprachen, die Großeltern, die Nachbarn, die Freunde aus dem Kindergarten. Genau darin liegt der Grund dafür, warum die Luxemburger so schnell, so früh und so erfolgreich mehrere Sprachen sprechen können: Die Fähigkeit, sich zu verständigen, ist an die Lebenswelt der Menschen gebunden und entwickelt sich deshalb so gut, weil mit der Kommunikation Emotionen verbunden sind.

Das Beispiel Luxemburg zeigt deutlich: Lernen ist an Erfahrungen gebunden. Kinder begreifen die Welt oder eine fremde Sprache nicht, weil sie ihnen in Lektionen vermittelt wird. Wie alle anderen Bildungserfolge braucht auch der Spracherwerb Erlebnisse, die Erfahrungen ermöglichen. Lust und Freude am Gelingen sind die Zutaten für erfolgreiches Lernen. Und Erzieherinnen oder Eltern, die Kindern etwas zutrauen, ihre Fragen ernst nehmen und ihre Antworten respektieren.

Erfolgreiches Lernen braucht besonders im Kindergarten Situationen mit offenem Ausgang, also keine durchgeplanten Schulstunden. Fähige Pädagogen wissen, wie man die Kinder dazu anregt, Fragen zu stellen, wie man mit den Hypothesen der Kinder umgeht und sie motiviert, selbst herauszufinden, ob ihre Vermutungen über die Welt tragfähig sind. Kein permanentes Korrigieren kindlicher Vorstellungen ist gefragt, sondern das gemeinsame Ausprobieren und die Diskussion darüber, was passieren würde, wenn …

Finn ist kein Einzelfall, und seine Eltern meinen es gut mit ihm. Es ist daher an der Zeit, dass verbindliche Kriterien und Standards für bilinguale Kindertagesstätten aufgestellt werden, die die neuesten wissenschaftlichen Erkenntnisse mit berücksichtigen. Denn im richtigen Rahmen und mit den richtigen Methoden kann bilinguale Erziehung im Kindergarten durchaus gelingen.

Das Hauptgeschäft von Erzieherinnen ist es, eine emotionale Beziehung zu den ihnen anvertrauten Kindern herzustellen, ihnen Raum für eigene Erfahrungen zu geben und ihr Lernen zu begleiten. Wer würde bestreiten, dass eine gute Pädagogin in der Lage ist, die Lebensumwelt der Kinder in der Einrichtung so zu gestalten, dass sie dem Ziel des frühen Fremdsprachenerwerbs entgegenkommt? Eine Pädagogin kann Erfahrungslernen ermöglichen, wenn sie authentisch und glaubwürdig ist. Deshalb dürfen in den festzulegenden Standards fremdsprachliche Muttersprachler nicht fehlen. Dieses Profil müsste im gesetzlichen Personalschlüssel für bilinguale Kindergärten verankert werden. Vorgaben im Bildungsprogramm wären unter diesem Fokus neu festzulegen. Und es muss geregelt werden, wie der Erfolg von bilingualen Einrichtungen überprüft werden kann. Eltern, die dies ausdrücklich wünschen, könnten ihre Kinder dann in Einrichtungen geben, die auch halten, was sie versprechen.

Eigentlich weiß jeder: Am besten lernt man eine Fremdsprache, wenn man sich verliebt – in einen Menschen, in ein Land, in dem diese Sprache gesprochen wird, in die Sprache selbst oder in eine gut ausgebildete Erzieherin, die in der fremden Sprache zu Hause ist.

Schnellentwickler und Rasantlerner

Heute erklärt man den Eltern im Kindergarten fast täglich die Fortschritte der Kinder, denn moderne Bildungskonzepte setzen auf Lernerfolge. Doch was sagt eine Erzieherin einer Mutter, die ständig wissen möchte, wie sich ihr Kind im Vergleich zu anderen Kindern entwickelt? Ist es wirklich wichtig, das herauszubekommen?

Elternfrage
»Sagen Sie mal, Frau M., wie ist das eigentlich mit meinem Alexander? Spricht er nun besser oder schlechter als die anderen Kinder?«, möchte die Mutter eines Zweijährigen wissen. »Fällt er Ihnen denn gar nicht besonders auf? Wir haben zu Hause den Eindruck, dass er sehr weit ist.«

Von solchen Fragen kann manche Erzieherin ein Lied singen. Gut beraten ist sie, wenn sie sich nicht darauf einlässt. Doch Eltern lassen häufig nicht locker. Das Vergleichen von Menschen und ihren Fähigkeiten ist in unserer Gesellschaft zu stark verankert.

Es geht Eltern von Kindergartenkindern auch nicht nur darum, dass ihr Sprössling etwas besser kann als andere. Sie möchten, dass er schneller lernt als andere Kinder. Viele Eltern hoffen auf Schnellentwickler.

Der Bildungsauftrag des Kindergartens fördert diese Tendenz. Seit jeder Kindergarten verbindlich nach einem Bildungsprogramm arbeiten muss, glauben viele Eltern, der Wettkampf um schnelle und gute Lernleistungen sei in die frühe Kindheit vorverlegt worden. Das ist ein Irrtum.

An dieser Stelle wird eine Dissonanz deutlich, die sich zwischen dem für das Industriezeitalter gültigen Wissensbegriff und den Wissensanforderungen der Zukunft aufbaut. Konnte man früher noch vergleichen, welches Kind schneller und besser Latein lernt, ist dies künftig nicht mehr von Bedeutung. Es fällt schwer, sich umzustellen und vom Leistungsvergleich zum Fördern von Kompetenzen zu kommen.

Wer Kompetenzen fördern will, muss die Stärken der Kinder herausarbeiten. Wer Leistungen vergleicht, stellt zwangsläufig Schwächen oder Defizite bei Vergleichspersonen fest.

Gegenwärtig mangelt es an Methoden, die nicht auf die Erkennung von Defiziten und deren Korrektur gerichtet sind. Bildungs- und Entwicklungsdokumentationen wie das *Portfolio* sind ein erster Schritt in die richtige Richtung. Eltern und Pädagogen dokumentieren in den Portfolios jeweils aus ihrer Sicht, welche Erfahrungen ein Kind machte, was es lernte und welche Entwicklungsschritte es vollzog. Die Geschwindigkeit der Entwicklung spielt dabei eine untergeordnete Rolle. Sie lässt sich allenfalls am Datum auf den Portfolioblättern ablesen. Der Vergleich mit anderen Kindern entfällt.

Vielen Eltern reicht dies nicht aus. Sie fürchten, dass Defizite und Rückstände übersehen werden könnten, wenn ihre Kinder nicht dem Vergleich mit anderen Kindern ausgesetzt, sondern »nur« auf ihren eigenen Entwicklungswegen begleitet werden. Es ist Sache der Erzieherinnen, ihnen Sicherheit zu vermitteln und Zuversicht auszustrahlen. Die Basis dafür ist Fachwissen darüber, wie ein Kind sich entwickelt und welche Fähigkeiten in welchem Alter angemessen sind.

Auch wenn diese Themen in der Ausbildung angerissen werden, im Berufsalltag der Erzieherinnen gibt es dafür kaum Arbeitsmaterialien. Zwar werden Bildungspläne für alle Kindergärten aufgestellt, doch dabei wird übersehen, dass es um die Entwicklung des einzelnen Kindes gehen muss.

Der Kindergarten braucht einen Leitfaden, eine Orientierungshilfe für die Beurteilung kindlicher Entwicklung. Zahllose Entwicklungsbögen und Screeningskalen, die sich in Ratgeberbüchern finden und in Arztpraxen ausliegen, decken diesen Bedarf nicht, sondern verwirren eher.

Eine wirklich nützliche Orientierungshilfe muss von der Verlaufsvielfalt kindlichen Heranwachsens ausgehen. So etwas gibt es in Deutschland nicht, obwohl die Kompetenzorientierung in der Bildung längst begonnen hat. Erste Versuche werden mit dem *Individuellen Entwicklungsplan* und den dazugehörigen *Stufenblättern* gemacht.[8] Dort werden alle wichtigen Entwicklungsschritte des Kindes von den Erzieherinnen anschaulich dokumentiert.

Meiner geht aufs Gymnasium!

Mit noch nie dagewesener Vehemenz arbeiten Eltern an der Zukunft ihrer Kinder. Was aber, wenn ein Kind den von den Eltern ausgewählten Weg nicht beschreiten will? Wenn Kinder unter den gut gemeinten Förderangeboten der Eltern leiden und geradezu verkümmern? Wie gehen Erzieherinnen mit solchen Erfahrungen um?

Verplante Kindheit
Die kleine Ella wird mittwochs früher aus der Kita abgeholt,
denn sie geht zur Ballettstunde. Am Freitag hat sie Klavier-
unterricht. Am Wochenende üben die Eltern mit ihr Tanz-
schritte und Fingerläufe.
Ellas Mutter hat in der Zeitung von neuen Kursen für kleine
Kinder gelesen: Braintraining für junge Genies. Sie ist begeis-
tert. Versprechen die Anbieter doch garantierte Lernerfolge,
die Ella gegenüber ihren Altersgenossen weit nach vorn bringen.
Während sie die Nummer des Kursanbieters wählt, überlegt
die Mutter: Am Montag und Dienstag hat Ella noch frei. Vielleicht wird an einem dieser Tage ein Kurs angeboten …

Oft kommt es im Leben anders als gedacht: in Beziehungen, im
Beruf, im Hinblick auf erhoffte Perspektiven. Garantiert ist
nur, dass es keine Garantien gibt. Umso erstaunlicher ist das
Verlangen nach Garantien, was die Zukunft der Kinder be-
trifft. Deren Lebenslauf soll einem Plan folgen, immer sollen
sie bis ins Detail vorbereitet sein, und jeder Schritt muss dem
Bild entsprechen, das Eltern sich von der Zukunft ihrer Kinder
ausmalen.

Als sie drei Jahre alt ist, wird Ella im Ballettunterricht angemeldet. Christian muss mit vier Jahren in die Musikschule
gehen, und der fünfjährige Florian muss jede Woche vier Stunden mathematische Frühförderung in einem Spezialzentrum
über sich ergehen lassen. Der Erfolg der Kinder wird daran gemessen, ob die Aufführung klappt, das Vorspiel ohne Fehler
gemeistert und die Addition im Hunderterbereich schon vor
der Einschulung perfekt beherrscht wird. Talente muss man
frühzeitig erkennen und fördern – das weiß doch jeder …

Wer unter der Leistungsgesellschaft und dem Druck der Arbeitswelt als Erwachsener insgeheim fast zerbricht und sich nach außen nichts anmerken lässt, verdrängt, dass es sich um ein hausgemachtes Problem handelt, das in der frühen Kindheit beginnt: Jedes Wochenende bei Wettkämpfen sein Bestes geben, einen Großteil der Freizeit mit Üben, Lernen und Trainieren verbringen, bis spät an den Hausaufgaben sitzen – so stellt sich das Aufwachsen mancher Kinder dar. Aktivität ist zu einem Lebenssinn geworden; Zeitmangel gilt als Kennzeichen gut situierter, erfolgreicher Menschen, die jede Hürde nehmen können. »Dein Tag hat 28 Stunden«, behauptet die Werbung für einen Energiedrink.

Diese Mischung aus Lifestyle und Leistungsgesellschaft hat die Kindheit längst erreicht, denn Kinder zu haben ist Teil des Lifestyles geworden. Exklusive Modelabel und Designerspielzeug belegen dies ebenso wie Frühenglisch und Gehirntraining. Ausruhen? Fehlanzeige! Selbst das Wochenende unterscheidet sich vom Arbeitstag nur insofern, als dass andere Aktivitäten geplant werden: Museum, Theater oder Kinderoper …

Der Wettbewerb, den man in der Erwachsenenwelt nie endgültig gewinnen kann, weil Jüngere, Cleverere, Schönere nach vorn drängen, wird auf die Kinder verlagert: »Emil kann schon laufen! Klarissa hat schon wieder eine 1 in Mathe bekommen! Hugo hat seinen ersten Werbevertrag für Kinderklamotten in der Tasche!«

Bei all dem Eifer wird übersehen, dass die Kinder unter Druck geraten. Das Erreichte muss auf jeden Fall überboten werden, denn: Laufen können irgendwann alle. Und gute Noten bekommt schließlich nicht nur das eigene Kind. Die

Identitätsfrage der Erwachsenen, die sich immer wieder neu stellt – Wer bin ich und wie hebe ich mich aus der Masse hervor? –, wird mittels der Kinder beantwortet.

Doch dieser von Eltern veranstaltete Wettkampf findet nur so lange statt, wie Kinder die Erwartungen bedienen können. Scheitern ist also vorprogrammiert. Je älter und reifer die Kinder werden, desto mehr sind sie in der Lage, die Unstimmigkeiten zu artikulieren. Die Pubertät wird zum Ventil, das den inneren Druck in äußere Rebellion verwandelt. Spätestens wenn Identität und Persönlichkeit den hormonellen Wogen ausgesetzt sind, machen die meisten Kinder nicht mehr mit. Sie kommen aus dem vorgegebenen Takt, stellen Sinnfragen, schwänzen das Ballett, begegnen den Anforderungen der Schule und der Eltern desinteressiert bis renitent. Und sie haben recht. Denn was hat Max davon, dass ihn seine Eltern – gegen seinen Willen und mit Ach und Krach – auf einer der angesagtesten Schulen der Stadt unterbringen konnten? Er besteht das Probehalbjahr nicht, wechselt die Schule, findet keinen Anschluss unter den Mitschülern, gilt als Versager und geht irgendwann gar nicht mehr hin.

Wäre es nicht besser gewesen, auf Max zu hören? Vielleicht ist das Gymnasium nicht sein Weg? Vielleicht liegen seine Fähigkeiten außerhalb des Rahmens, der in Prüfungen gemessen wird?

Erfolg sollte immer das sein, was man selbst dafür hält. Und eine glückliche Zukunft – nichts anderes wollen Eltern ja – rückt in die Ferne, wenn man das Glück der Kindheit dafür opfert: Geborgenheit, Zeit, sich auszuprobieren, und Anerkennung für das, was man ist und werden möchte.

Kinder und Jugendliche haben einen Anspruch darauf, ihre Gegenwart zu leben. Sie sind kein Garant für das Gelingen der Gegenwart ihrer Eltern.

Wer hört den Kindern zu?

Alle reden über Kinder, sie werden zu Sehnsuchtsobjekten ihrer Eltern, die ihnen eine perfekte harmonische Kindheit bieten wollen. Es wird nicht mehr autoritär bestimmt, sondern verhandelt, dabei wird Kindern allerdings oft die Meinung der Eltern suggeriert und ihre persönlichen Eigenheiten werden ignoriert.

Wer interessiert sich wirklich dafür, was Kindern wichtig ist? Welchen Kindergarten sie wählen würden und welche Erzieherin sie mögen? Es ist ein Fortschritt, dass die neuere Kindheitsforschung die Sicht der Kinder einbezieht. Doch können Erzieherinnen es sich leisten, den Eltern die Meinung ihrer Kinder zu spiegeln?

Kündigungsschreiben von Eltern
Sehr geehrte Frau Sch.,
hiermit kündigen wir den Kindergartenplatz in Ihrer Einrichtung. Geoffrey hat sich bei Ihnen sehr wohlgefühlt und viele Freunde gefunden. Wir haben trotzdem entschieden, ihn in einen anderen Kindergarten zu geben. Denn dort wird Englisch gelernt. Da Sie dieses Angebot nicht realisieren können, sehen wir uns zu diesem Schritt gezwungen …

Geoffrey ist zwei Jahre alt und würde gern in seinem Kindergarten bleiben. Er weint beim Abschied und versucht, seinen
Eltern deutlich zu machen, dass er keinen neuen Kindergarten
braucht. Aber die Eltern, die das Beste für ihn wollen, sind
unerbittlich. Getrieben von der Angst, ihren Sohn seiner
Chancen zu berauben, wenn er nicht früh genug Englisch
lernt, nehmen sie sein Leid in Kauf.

Wer Kinder in die Pflicht nimmt, sollte ihre Meinungen
ernst nehmen. Andernfalls läuft er Gefahr, ihnen nichts Gutes
zu tun. Dieses Risiko nehmen Erwachsene auf sich, wenn sie
den Eindruck haben, die Situation ihres Kindes ließe sich verbessern. Fragten sie ihr Kind, sähe die Welt anders aus.

98 % der Kinder finden sich in Ordnung, 94 % sind meist
gut gelaunt und probieren gern etwas Neues aus.[9] 71 % der
Kinder fühlen sich in ihren Familien gut oder sehr gut.[10] Solche Statements von Forschern, die sich für die Aussagen von
Kindern interessierten, lassen aufhorchen.

Stand nicht erst gestern in der Zeitung, wie schwer es
Scheidungskinder haben und wie stark Kindheit in den Groß-
städten eingeschränkt wird, in denen Autos Vorrang haben
und es an Spielmöglichkeiten mangelt?

Die Mehrheit der Kinder fühlt sich nicht beeinträchtigt
oder benachteiligt. Kinder arrangieren sich mit den familiären
Gegebenheiten und finden ihre eigenen Spielanlässe, wenn
man ihnen das gestattet.

Ob bei politischen Entscheidungen oder bei der Gestaltung des Kindergartenalltags – die Ansichten und Erfahrungen der Kinder sind wichtig, werden aber kaum berücksichtigt.

Unerfüllte Wünsche

Der Kindergarten »Zwergenwald« führt regelmäßig Kinder-
befragungen durch. Die Auswertung der letzten Befragung
ergab, dass die Kinder Gemüse essen würden, wenn es nicht
in einer Soße schwimmt, dass sie den Quark lieber pur und
das Obst dazu extra haben möchten.

Also telefoniert die Kindergartenleiterin mit der Zulieferer-
küche. Sie möchte wissen, ob es möglich ist, den Kindern diese
Wünsche zu erfüllen.

In der Küche überlegt man kurz. Nein, das gehe nicht, heißt es,
denn die Küche habe nicht genügend Kochtöpfe, um alles
extra zu kochen.

»Die Kinder sollen sich nicht so haben«, sagt der verantwort-
liche Koch.

In vielen Kindergärten hat man begriffen, dass Partizipation
und Mitbestimmung von Kindern nicht nur leere Worte sind.
Doch um diese Erkenntnis in wirksames Handeln zu überfüh-
ren, fehlt vielen Leiterinnen die Kraft. Ob es um gut gemeintes,
aber rücksichtsloses Handeln von Eltern oder um die Ansprüche der Kinder beim Essen geht – Macht und Kraft der Verantwortlichen im Kindergarten lassen meist nicht mehr als zaghafte
Versuche zu. Zwar könnte die Leiterin versuchen, den Träger
des Kindergartens zu überzeugen, den Essenzulieferer zu wechseln. Aber bis der Versuch – wenn überhaupt – von Erfolg ge-
krönt ist, sind die Kinder längst in der Schule. Also bleibt alles
beim Alten: Die Kinder schmähen das Mittagessen, und verun-
sicherte Eltern muten ihren Kindern in drei Lebensjahren mehrere Kindergärten zu. Was fehlt, um die Sache ins Lot zu bringen? Ein gesetzlich geregeltes Mitspracherecht von Kindern in
den Alltagsdingen, die ihr Leben unmittelbar betreffen.

Jeder ist anders, jeder ist richtig!

Ob im Fernsehen oder im Bundestag, alle reden vom Kind. Aber *das* Kind gibt es nicht, ebenso wenig wie *den* Erwachsenen. Kinder wie Erwachsene sind Individuen mit verschiedenen Lebensumwelten, eigenen Ideen und individuellen Fähigkeiten.

Tim
Im Kindergarten kam Tim gut klar. Er strotzte vor Ideen, baute, konstruierte und begeisterte andere Kinder. Doch in der Schule dachte man bereits nach dem ersten Halbjahr darüber nach, ob man Tim nicht auf eine Sonderschule verweisen sollte. Zu aufmüpfig, zu aktiv, zu unkonzentriert im Lernen und ein Störer im Klassenverband, hieß es im Kollegium.
Nur auf Druck der Eltern konnte der Junge bleiben. Doch als seine Noten in der 4. Klasse immer stärker absackten, stimmten die Eltern dem Schulwechsel zu.
Nach einem Jahr Sonderschule kam Tim wieder zurück und wechselte später auf die Gesamtschule. Auch hier bescheinigten die Lehrer ihm in den Zeugnissen: Aus dir wird nichts, du kannst nichts, du bist nichts.
Heute ist Tim 31 Jahre alt. Mit seinem Filmteam ist er weltweit unterwegs. Oft liest man seinen Namen im Abspann von Reportagen. Außerdem ist er an einer gefragten Berliner Eventfirma beteiligt. Tim ist Vater, glücklich liiert und hat für seine Familie gerade ein geräumiges Wochenendhaus bauen lassen.

Tim ist erwachsen und hat längst gelernt, auf die eigenen Fähigkeiten zu vertrauen. Er lässt sich nicht mehr reinreden. Auch wenn sich die Prophezeiungen seiner Lehrer nicht bewahrheitet haben – die Erinnerung daran bleibt.

Welches Recht haben Erwachsene, insbesondere Pädagogen, Kinder aufzugeben und ihnen eine schwarze Zukunft an die Wand zu malen?

Generalisierungen wie »das Kind« sind immer problematisch. Der Vereinfachung wegen werden alle Unterschiede beiseitegeschoben. Je nachdem, was das Ziel der Argumentation ist, wird ausgeblendet oder ignoriert, was diesem Ziel entgegensteht. Jeder kennt das: Autofahrer sind …, Radfahrer sind …, Erzieherinnen, Politiker, Lehrer sind …, Männer sind …, Frauen sind … Und Kinder sind … erst recht.

Vor allem Politik und Medien nutzen den Begriff »Kind« – je nach Kontext – als Sammelstelle für Pauschalisierungen: arme Kinder, Mittelschichtkinder, Migrantenkinder, Kinder aus gutem Hause. Es gibt Kinder, die es mal zu etwas bringen werden, und jene, aus denen sowieso nichts wird. Während ihrer Ausbildung erlernen Erzieherinnen den Umgang mit »Kindern«. Ratgeber zum Thema »Kinder«-Erziehung sollen den Alltag mit Kindern erleichtern. Dabei bezieht sich die Beurteilung einzelner Kinder auf die Zuordnung zu einer der genannten Gruppen. Den Fähigkeiten und Potentialen, Bedürfnissen und Interessen des einzelnen Kindes wird dies nicht gerecht.

Insbesondere vor dem Hintergrund von Lerndokumentationen und Entwicklungsbeurteilungen besteht in der Erwachsenenwelt Einigkeit darüber, dass Zuordnen Sinn hat. Die Zuordnung zu Herkunft, familiärem Hintergrund oder Einkommen der Eltern reicht in der Regel schon, um sich ein Bild von einem Kind zu machen. Diese Börsenmentalität verstärkt das in Deutschland tief verankerte Defizitdenken. Man fahndet nach Sprachdefiziten, Entwicklungsverzögerungen, Fehlern, schlechten Noten und anderem Förderbedarf. Diese Defizite sollen Kindergarten und Schule erfolgreich beheben.

Woher kommt die Überzeugung, dass schulischer »Erfolg« im Leben alles sei?

Tims Geschichte beweist, dass jeder Mensch – unabhängig von Bildungsinstitutionen – erfolgreich sein kann, wenn er herausgefunden hat, was sein Weg ist. Tims Beispiel könnte besorgte Eltern beruhigen. Doch nur wenige Mütter und Väter können souverän damit umgehen, dass ihre Kinder nach eigenen Wegen suchen.

Erschwerend kommt hinzu, dass Kindern die Zuordnung zu einer gesellschaftlichen (Rand-)Gruppe wie ein Stigma anhaftet: Hartz IV, alleinerziehende Mutter, Förderkind, Sprachprobleme – alles klar.

Lisas Mutter fragt sich dann: Stimmt etwas mit Lisa nicht? Bin ich eine schlechte Mutter? Wird Lisa tatsächlich mal zu den Verlierern in dieser Gesellschaft gehören?

Es wird Eltern denkbar schwergemacht, das Zutrauen in die Fähigkeiten ihrer Kinder nicht zu verlieren. Erfüllen sich die Erwartungen an das eigene Leben und das der Kinder nicht, wird die trübe Ahnung, zu den Verlierern zu gehören, zur bitteren Gewissheit.

Wenn sich alles ums Kind dreht ...

»Wir leben in einer Neid- und Angstgesellschaft«, so Elsbeth Stern, Lernforscherin an der ETH Zürich. »Viele Frauen geben für ihr Kind den Beruf auf und leiden unter Prestigeverlust. [...] Da muss mehr drin sein, denken sie. Wenn schon ein Kind, dann muss sich das wenigstens gelohnt haben.«

Was für eine Generation von Kindern wächst da heran?

Eine Generation, die jede sich bietende Möglichkeit bekommt? Eine Generation, in deren Zukunft alles investiert wird, was zur Verfügung steht? »Ich warne vor Ego-Problemen«, sagt Elsbeth Stern. »Diese Kinder haben immer gedacht und gesagt bekommen, sie seien etwas ganz Besonderes, und am Ende sind sie einfach nur durchschnittlich und normal – das muss dann erst mal verkraftet werden.«[11]

Mutterschaft als Berufung

Christiane, Mitte 30, sitzt mit Anja, 28, auf der Spielplatzbank. Während Anjas vierjährige Tilda auf dem Klettergerüst turnt, schaukelt Christiane den Kinderwagen. Darin schläft Mika, ihr erstes Kind.

Christiane kann nicht verstehen, dass Anja arbeiten geht und Tilda in den Kindergarten schickt. Schließlich verdient Anjas Mann doch genug.

Für Christiane ist Mutterschaft eine Berufung, die sie voll und ganz erfüllt. Sie hat ihren Job als Marketingfachfrau in einer Werbeagentur gekündigt, da sie nicht vorhat, in den Beruf zurückzukehren, bevor Mika auf eigenen Beinen steht. Dass sie damit nicht das Laufenlernen meint, macht sie Anja deutlich.

Kinder sollten nicht der Selbstverwirklichung der Eltern dienen. Deshalb hat es keinen Sinn, dass Mütter ihren Job um der Kinder willen an den Nagel hängen. Früher oder später entstehen Frustrationen: »Er macht Karriere, ich sitze hier zu Haus. Hätte ich damals nur nicht gekündigt! Wie soll ich jemals wieder ins Berufsleben einsteigen können?« Neid und Selbstmitleid sind kein guter Nährboden, weder für die Mutter-Kind-Beziehung noch für die Partnerschaft.

In einer Welt, in der Unabhängigkeit, Freiheit und Selbständigkeit erstrebenswert sind, kommt das Bewusstsein der absoluten Abhängigkeit wie ein Albtraum über Mütter wie Christiane. Spätestens wenn Mika in die Pubertät kommt, sich abgrenzt und selbständig wird, setzt das Gefühl der Leere bei seiner Mutter ein. Ist Mika aus dem Haus, verbittert sie vielleicht ganz und gar. Wer weiß, ob Christiane in zehn Jahren noch genauso denkt wie heute? Wer weiß, ob Mika das »Opfer« seiner Mutter zu schätzen weiß?

Ein Mensch sollte sich nicht allein über die Tatsache definieren, dass er Mutter oder Vater ist. Und doch suggeriert unsere Gesellschaft, dass Mutter-Sein ein Äquivalent zum Mitten-im-Leben-Stehen sei. Warum wird eine Mutter, die sich dafür entschieden hat, ihre Kinder zu Hause großzuziehen, als »erfolgreiche Managerin eines kleinen, aber feinen Familienunternehmens« bezeichnet? Was vermittelt die »Familienmanagerin«, die uns in Talkshows, in der Werbung und in Politikerreden untergejubelt wird, anderes als eine gesellschaftlich akzeptierte Lüge? Überall in Europa arbeiten Frauen nicht nur, weil knappe Familienkassen das erfordern, sondern weil sie sich beruflich verwirklichen möchten.

Die oft beschworene Vereinbarkeit von Familie und Beruf kann nicht entlang der Frage diskutiert werden, ob Mütter arbeiten sollten oder nicht. Der Prestigeverlust, der mit der Aufgabe des Berufs einhergeht, wird durch Begriffe wie zum Beispiel dem der »Familienmanagerin« umgedeutet. Es wird suggeriert, die Frau gäbe ihren Beruf nicht auf, sondern wechsle nur die Branche. Sie arbeite jetzt für das Wohl der Kinder zu Hause.

Jeder Mensch hat das Recht auf seinen eigenen Lebensentwurf. Ob sich frisch gebackene Mütter dafür entscheiden, arbeiten zu gehen oder nicht, bleibt ihnen überlassen. Sie im Abwägen des Für und Wider zu unterstützen und ihre Entscheidung dann zu akzeptieren – darum sollte es gehen. Augenwischerei hilft dabei wenig, denn die Erziehung der eigenen Kinder ersetzt den aufgegebenen Beruf nicht. Ebenso wenig wie die Ausübung eines Berufes als Argument dafür herhalten kann, die eigenen Kinder nicht zu erziehen.

Und die Kinder? Man stelle sich einen Menschen vor, der daran gewöhnt ist, dass alle ihn lieben, dass er bekommt, was er will, dass er für Nichtigkeiten gelobt wird. Kinder, die zum »beruflichen Projekt« ihrer Eltern werden, erlangen einen Sonderstatus, an dem sie später arg zu knabbern haben. Doch Mütter, die ihren Adrenalinkick daraus beziehen, dass sie morgens mit Max die besten Vorschulmaterialien durchgehen, ihm mittags eine 1A-Biomahlzeit servieren und ihn danach zum Fußball fahren, können gar nicht anders, als ihre Kinder als »Projekt« zu betrachten. Es gibt nichts, worum sie sich nicht kümmern. Rundumservice nennt man das.

Um die Selbständigkeit von Max ist es schlecht bestellt, wenn seine Mutter immer für ihn da ist, alles für ihn tut. Wie soll der Junge Frustrationstoleranz entwickeln, wenn er nie frustriert wird? Zu einer Persönlichkeit wird er nicht dadurch, dass er immer wieder hört, wie einzigartig und besonders er ist.

Kommen solche »Stars« in der gesellschaftlichen Realität an, wird deutlich, dass sie nicht auf Unsicherheiten, auf Rückschläge und Niederlagen vorbereitet sind, die sich fraglos einstellen werden. Sie sind schlichtweg nicht darauf vorbereitet, ein normales Leben zu führen. Erfolgreicher Fußballer, Tänzerin, Manager, Pianistin – das Leitbild ihrer Kindheit stellt sich im Erwachsenenleben als untauglich heraus. Tischler, Maurer, Verkäuferin, Erzieherin, Büroangestellter – das kam für ihre Eltern nicht in Betracht. Wie könnte es also für sie in Betracht kommen?

Wie kann ein junger Erwachsener sich auf sein Leben einlassen, wenn sich seine Vorstellung von möglichen Lebenszielen in einem begrenzten Erfolgs-Kontext entwickelte? Und wie niederschmetternd ist die Erkenntnis, dass das Leben anstrengend sein kann!

Verwöhnprogramme machen bequem. Ohne Hürden und Widerstände kann keine Kreativität entstehen. Ein gewisser Mangel und ein paar Frustrationen können eben auch erfinderisch machen. Astrid Lindgren wusste das: »Zweierlei hatten wir, das unsere Kindheit zu dem gemacht hat, was sie gewesen ist. Geborgenheit und Freiheit. Wir fühlten uns geborgen bei diesen Eltern, die einander so zugetan waren und stets Zeit für uns hatten, wenn wir sie brauchten, uns im übrigen aber frei und unbeschwert auf dem wunderbaren Spielplatz, ..., den wir in unserer Kindheit besaßen, herumtollen ließen.

Was einem aufgetragen war, das hatte man zu tun. Ich glaube, es war eine nützliche Lehre, die einem später im Leben half, mit eintöniger Arbeit ohne allzu viel Gestöhne und Gejammer fertig zu werden.«[12]

Wie Kindheit gelingt

»Ich glaube sowieso, wenn die jungen Menschen auf alles hören
würden,
was die älteren ihnen sagen, würde jede Entwicklung aufhören
und die Welt still stehen.«
Astrid Lindgren

Eine gelingende Kindheit braucht mehrere Komponenten. Da
wäre zuerst die gute Eltern-Kind-Beziehung. Sie hängt heute
nicht mehr davon ab, ob beide Eltern in einer gemeinsamen
Wohnung leben und ob sie jeden Tag Zeit für die Kinder haben. Die Qualität der Beziehung wird nicht von räumlichen
und zeitlichen Parametern bestimmt, sondern vielmehr durch
die Verlässlichkeit der Bezugspersonen und die Verbindlich-
keit von Regeln und Ritualen, durch Wärme, Herzlichkeit und
das Vorbild der Eltern. »Ich denke an dich« und »Ich bin für
dich da« – dies findet in unserer von Mobilität geprägten
Gegenwart neue Formen.

So zum Beispiel Moritz, er skypt jeden Abend mit seinem
Vater. Der nimmt sich die Zeit für eine kleine Gutenacht-
Geschichte – jeden Tag.

Ob Mütter oder Väter aus beruflichen oder privaten Gründen in einer anderen Stadt oder gar einem anderen Land leben,
der Stand der heutigen Technik lässt persönliche Begegnun-
gen über große Entfernungen hinweg zu. Selbst wenn Skypen
oder Telefonieren die persönliche Begegnung nicht ersetzen
können – das Beispiel zeigt, dass nicht allein Nähe Beziehung
schafft, sondern auch Verlässlichkeit. Moritz kann sich darauf
verlassen, dass er seinen Vater jeden Abend um 19:00 Uhr am

Computer trifft. Dieses Sich-verlassen-Können schafft die notwendige emotionale Stabilität, die gute Eltern-Kind-Beziehungen auszeichnet.

Dennoch braucht eine gelingende Kindheit heute wie früher reichlich Zeit und großzügige Plätze zum Spielen. Allerdings hat jede Generation ihre eigenen Spiele und Plätze. Also lohnt es sich nicht, dem Spielplatz Natur aus Astrid Lindgrens Büchern nachzutrauern. Sinnvoller ist es, den Kindern Spielräume und Spielmöglichkeiten anzubieten, die heutzutage zur Verfügung stehen und ihnen zugänglich sind.

Zu einer gelingenden Kindheit gehören aber auch Aufgaben, die es Kindern ermöglichen, ernsthafte Rollen in der Familie oder im Kindergarten zu übernehmen. Kinder brauchen Herausforderungen, die sie meistern können, um Selbstvertrauen und Zutrauen in die eigene Leistungsfähigkeit aufzubauen.

All das fordert von den Erwachsenen, ihre eigenen Vorstellungen von Kindheit zu reflektieren, um den Kindern zu ermöglichen, ebenso fröhlich, selbstbewusst und neugierig aufzuwachsen wie die Kinder, von denen Astrid Lindgren erzählt – nur unter heutigen Bedingungen. Dazu braucht es Gelassenheit und Zuversicht.

Wir plädieren für die Rückkehr zur Normalität im Umgang mit unseren Kindern. Lassen wir sie Kinder sein, auch wenn ihre Kindheit in einer sich rasch verändernden Welt stattfindet. Das darf der Qualität des kindlichen Lebens keinen Abbruch tun.

Die Idee, dass so viel wie möglich, so schnell und so früh wie möglich gelernt wird, ist genauso eine Angstgeburt wie die massiven Sicherheitsvorkehrungen, mit denen Eltern die

Freiheit ihrer Kinder einschränken. Ob es darum geht, besser als andere Mütter und Väter zu sein, sich aus Sicherheitsgründen nur persönlich um das Kind zu kümmern, damit es nicht mit »schlechteren« Kindern in Kontakt kommt – all diese überzogenen Einflussnahmen von Erwachsenen führen am Ende zu nichts.

Vielleicht wird Moritz mal ein erfolgreicher Unternehmer und Lisa eine liebevolle Lehrerin, wer weiß? Oder Theodor wird Busfahrer und kann sich an seine Englischvokabeln aus dem Kindergarten überhaupt nicht mehr erinnern.

Kindergärten könnten für die rechtzeitige Relativierung überzogener Erwartungen sorgen, indem sie Eltern kleiner Kinder mit Zuversicht und Zutrauen ausstatten. Erzieherinnen und Pädagogen sollten regelmäßig über ihre eigenen Zukunftsvorstellungen, -ängste und -unsicherheiten reflektieren, um in dem Rahmen, in dem sie agieren, Zukunftsgewissheit zu erzeugen. Das ist möglich, denn in einem langen Berufsleben begegnen ihnen viele Kinder, und sie erleben, was aus ihnen wird. Diese Erfahrung haben Mütter und Väter nicht. Deshalb sollten Erzieherinnen ihr Wissen an Eltern weitergeben und sie darin bestärken, dass ein Umgang mit den Kindern, der auf Verlässlichkeit, Zuwendung und Regeleinhaltung beruht, die beste Vorbereitung auf die Zukunft ist – egal, was sie bringen wird. So könnten sie dazu beitragen, Kindheit zu normalisieren.

Um es noch mal auf den Punkt zu bringen: Die Mehrheit deutscher Kinder hat eine gute Kindheit und damit Aussicht auf ein zufriedenes Leben in der Zukunft. Fernsehen, Computer und andere neue Medien stehen dem ebenso wenig im Wege wie veränderte Familienstrukturen. Lediglich überzogene Ansprüche und unzuträgliche Erziehungsmethoden Erwachsener können zum Problem werden.

Deshalb raten wir Eltern und Erzieherinnen:

- Versuchen Sie, authentische Erwachsene zu sein.
- Lassen Sie Kinder möglichst viele Erfahrungen selbst machen, damit sie lernen können.
- Geben Sie Kindern die Chance und die Freiheit, selbständig zu werden.
- Versuchen Sie, mit den Kindern in einem gesellschaftlichen Umfeld zu leben, das breite soziale Integration fördert.
- Ermöglichen Sie das Zusammensein mit Geschwistern, Freunden und Nachbarkindern. Bringen Sie die Kinder in solche Kindergärten und Schulen, die sich dem sozialen Umfeld öffnen und sich um beste Entwicklungsbedingungen für alle Kinder bemühen.
- Gestatten Sie den Kindern, sich selbst für Arbeits- und Interessengemeinschaften zu entscheiden, um sich auszuprobieren.
- Setzen Sie klare Grenzen, verteidigen Sie diese Grenzen und verändern Sie sie, wenn das Leben es erfordert.
- Sorgen Sie dafür, dass die Kinder nicht alles haben und bekommen. Geben Sie den Kindern vielmehr die Gelegenheit, sich Erwünschtes erarbeiten zu können.
- Schaffen Sie Situationen, in denen Kinder sich anstrengen müssen, damit sie stolz auf das sein können, was sie aus eigener Kraft erreicht haben.
- Geben Sie Kindern die Chance, eigene Ideen umzusetzen und daraus zu lernen.
- Lieben Sie Ihre Kinder so, wie sie sind. Finden Sie ihre

Stärken und helfen Sie ihnen dabei, diese Stärken zu nutzen. Vergessen Sie, nach Schwächen zu suchen.

Glauben Sie nicht, dass Sie wissen können, was aus Ihrem Kind werden wird und was dauerhaft richtig oder falsch für es ist. Erwachsene handeln richtig, wenn sie sich immer vor Augen führen, dass ihr heutiges Wissen dem aktuell gültigen Irrtum entspricht.

3. Kapitel

Geliebt und verkannt – Erzieherinnen

»Meine eigene Erzieherin hatte eine Kittelschürze an. Sie war dick, hatte einen Damenbart, graue Locken und war lieb ohne Ende. Ich habe ein warmes, weiches Gefühl, wenn ich an sie denke. Sie sprach kein Hochdeutsch, sondern Berliner Dialekt. Oft klingt das ruppig, bei ihr klang es herzlich.
Dass man Lust hat, mit Kindern zu arbeiten, muss man ausstrahlen. Ob musisch, intellektuell oder sportlich – Hauptsache: herzlich.«
Erzieherin Marie, Berlin

Die Arbeit von Erzieherinnen ist nie langweilig, erstarrt nie in Routine, sondern ist bunt, lebendig und voller positiver Emotionen. Erzieherinnen teilen das Lachen und die Freude der Kinder. Sie legen den Grundstein für deren Bildung, was eigentlich ein hohes gesellschaftliches Ansehen zur Folge haben müsste.

Doch die Wirklichkeit sieht anders aus. Erzieherinnen fällt es schwer, ihre Leistungen in der Öffentlichkeit sichtbar zu machen. Sie stellen keine Autos oder Computer her. Neuentwicklungen in der Kita punkten in der Werbebranche nicht. Das »Endprodukt« des gesamten Erziehungs- und Bildungsprozesses – der junge Erwachsene, der Debütant auf dem Arbeitsmarkt – wird allenfalls dem Gymnasium oder der Universität als »Leistung« angerechnet. Dass die Erzieherinnen im Kindergarten Wesentliches zu seinem erfolgreichen Bildungsweg beitrugen, hat man längst vergessen.

Trotzdem ist Erzieherin ein wunderbarer Beruf, weil es befriedigend ist, daran mitzuwirken, dass nachfolgende Gene-

rationen die Zukunft selbstbewusst meistern. Kluge und engagierte Erzieherinnen sind eine Chance für jede neue Generation von Kindern.

Schade, dass viele Erzieherinnen nicht stolz auf ihren Beruf sein können. Dafür gibt es viele Ursachen, einige – wie
ihr oft fehlendes Selbstbewusstsein, geringe Professionalität
und die schlechte Organisation als Berufsgruppe – verantwor-
ten die Erzieherinnen auch selbst, andere – wie geringe Entlohnung, unklare politische Vorgaben und ein mangelnder
gesellschaftlicher Konsens zur Rolle der Institution Kindergarten – sind unserer Gesellschaft geschuldet.

Allerdings gibt es viele Möglichkeiten, das zu ändern –
dabei sind sowohl die Erzieherinnen selbst als auch Eltern und
Politiker gefragt.

Diagnose: Fehlendes Selbstbewusstsein

In der Hierarchie des gesellschaftlichen Ansehens steht der
Beruf der Erzieherin weit unten. Wer in der oberen Liga mit-
spielen möchte, wird Rechtsanwalt, Arzt, Manager, Universi-
tätsprofessor, Filmemacher oder wählt einen anderen angesehenen Beruf. Erzieherin, so der verbreitete Irrglaube, wird,
wer nichts Besonderes kann, denn erziehen kann jeder.

Gut, dass sich selbstlose Frauen finden, die sich mit diesem
Beruf zufriedengeben, denn sie werden gebraucht. Schließlich
muss jemand auf den Nachwuchs aufpassen, während man die
Brötchen verdient …

Das sei übertrieben? Weit gefehlt, man muss sich nur einmal entsprechende Internetforen ansehen, dort wird kein

Blatt vor den Mund genommen. Anstatt mit den Erzieherinnen offen zu sprechen, wird dort hemmungslos gelästert, teilweise werden die Erzieherinnen sogar namentlich genannt. Abgesehen davon, dass dies keine Art ist, miteinander umzugehen und Kritik auf diese Weise indiskutabel ist, wird auch immer wieder übersehen, dass es nicht jedem Menschen gegeben ist, die großartigen Entwicklungsschritte Heranwachsender zu erkennen und zu würdigen. Nicht jeder verfügt über das nötige Wissen, die nötige Geduld und Empathie – auch nicht jede Erzieherin.

Doch unsere Gesellschaft hat sich noch nicht einmal entschieden, was die Erzieherinnen nun wirklich sind: Aufpasserinnen in Kinderbewahranstalten – Kinderobvang heißen tatsächlich einige Kinderbetreuungseinrichtungen in den Niederlanden –, oder sind sie Lehrerinnen für die Jüngsten, wie die schwedische Berufsbezeichnung »Vorschullehrer« suggeriert?

Zwar hat der deutsche Kindergarten vor einigen Jahren einen Bildungsauftrag erhalten, aber in den Köpfen der meisten Menschen ist das noch nicht angekommen. Sie respektieren den Erzieherinnenberuf vor allem, weil es so anstrengend ist, seine Zeit mit Kindern zu verbringen – und dann auch noch mit vielen. »Mit Tschingderassa und Bum Bum Bum, ziehn wir im Kreis herum …« – solchen Kinderkram können nur Erzieherinnen den ganzen Tag lang aushalten. »Kinderquatsch mit Kati« möchte man zu Hause nicht haben. Und dann das Gewusel, der Lärm und die Unordnung! Kinderhorden toben auf dem Gartengelände so geräuschvoll herum, dass die Nachbarn die Fenster schließen. Dazwischen eine Erzieherin, die gleichzeitig Streit schlichten, Wunden versorgen, Puppen reparieren und Windeln wechseln kann.

So stellen sich ernsthafte Erwachsene den Kindergarten-
alltag vor und staunen allenfalls über das schier unverwüst-
liche Nervenkostüm der Erzieherin und ihr breites Repertoire
an Kinderliedern. Beides wundersame Fähigkeiten, über die
dem Volksglauben nach alle Erzieherinnen verfügen.

Es lohnt sich, einen Blick in die jüngere Geschichte zu
werfen, um zu verstehen, woher dieses ambivalente Berufsbild stammt.

Zweihundert Jahre Erzieherinnenberuf – ein Rückblick

Die mit dem Zeitalter der Industrialisierung über die kleinen
Leute hereinbrechende Not brachte es mit sich, dass sie ihre
Kinder betreuen lassen mussten, um den Lebensunterhalt für
die Familie zu sichern. Der Vorläufer des Kindergartens ver-
stand sich als soziale Einrichtung, die die Kinder vor Verwahrlosung retten wollte. Ordensschwestern, Hauslehrerinnen ohne
Stellung und berufslose Frauen sorgten dafür, dass die Kinder
der zunehmend verelenden Unterschicht halbwegs unver-
sehrt aufwachsen konnten.[13]

Der Gedanke, dass die Betreuung und Bildung von Kindern eine gesellschaftliche Aufgabe ist, kam erst mit Friedrich Fröbel auf, der Mitte des 19. Jahrhunderts den ersten
Kindergarten eröffnete und damit ein Bewusstsein für die
Notwendigkeit pädagogischer Bildung schuf. Ihm ist es zu
danken, dass erstmals Kindergärtnerinnen in der »Anstalt
für allseitige Lebenseignung durch entwickelnd-erziehende
Menschenbildung« ausgebildet wurden. Fröbel wusste, dass
eben nicht jeder Kinder erziehen kann. In seinen Kinder-
gärtnerinnen-Seminaren wollte er Frauen dafür qualifizie-

ren, Kinder in ihrer Entwicklung adäquat zu begleiten und zu bilden.

In der Weimarer Republik gab es zahlreiche pädagogische Neuansätze zur Professionalisierung des Kindergartenpersonals. Während der Zeit des Nationalsozialismus drängte sich der Staat zunehmend in die Familien, was mit ein Grund war, warum man nach dem Krieg seine Kinder selbst erzog. Im westlichen Teil Deutschlands sorgte aber auch besonders das Wirtschaftswunder dafür. Jeder wollte zeigen, was er sich leisten kann. In einer ordentlichen Familie musste die Frau nicht arbeiten, berufstätige Frauen waren entweder nicht unter die Haube gekommen oder stammten aus armen Verhältnissen. In der jungen Bundesrepublik pflegte man ein Familienbild, in dessen Zentrum die Mutter und fürsorgliche Ehefrau stand. Erwerbstätigkeit wurde zur Männersache erklärt, Frauen kehrten – nachdem sie die Wirtschaft während des Zweiten Weltkriegs mit aufrechterhalten hatten – wieder ins Heim und an den Herd zurück. Franz Wuermeling, erster Bundesfamilienminister, wurde nicht müde, das Bild der behütenden Mutter zu beschwören: »Für Mutterwirken gibt es nun einmal keinen vollwertigen Ersatz.«[14] Dieses Bild lebt heute in vielen Köpfen unangefochten weiter und beeinflusst die Politik.

Wuermelings Streben, institutionalisierte Erziehung und Bildung für Kinder im Vorschulalter abzulehnen oder höchstens als Notlösung gelten zu lassen, muss vor dem Hintergrund der politischen Entwicklungen des Kalten Krieges gesehen werden: In den kommunistischen Ländern setzte man darauf, Kinder so früh wie möglich in institutionelle Obhut zu geben, weil man hoffte, sie ideologisch beeinflussen zu können, und weil der Arbeitskräftemangel sowie die angestrebte Gleichberechtigung von Frauen und Männern es erforderten, die Männerdomäne Berufswelt für Frauen zu öffnen. »Liebe Genossinnen, wir können den Sozialismus nicht nur mit Friseusen aufbauen«, sagte Walter Ulbricht 1962, »ich bin auch für schöne Frisuren, aber das Wichtigste und Interessanteste sind gerade die technischen Berufe.«[15]

Selbstverständlich waren Frauen und Männer in der DDR berufstätig. Selbstverständlich gingen die Kinder in Krippe und Kindergarten. Und selbstverständlich war man sich einig, dass dafür qualifiziertes Personal nötig war.

Die politisch verordnete Öffnung vieler Berufe für Frauen brachte es allerdings mit sich, dass Frauen ökonomische Selbständigkeit und ein neues Selbstbewusstsein erlangten. Im Westen Deutschlands sorgte die Kraft und Vehemenz einer Emanzipationsbewegung, die auch Männer erfasste, erst Jahre später dafür. Die Frauenrechtlerin Alice Schwarzer kann ein Lied von dem Widerstand singen, den politische Kreise in der BRD der Forderung entgegensetzten, dass Frauen unabhängig und selbständig werden wollten. Erst 1976 wurde das Ehe- und Familienrecht in der BRD auf Druck der Frauenbewegung reformiert. Danach wurde den Frauen das Recht auf Berufstätigkeit zugestanden.

Bis zur Wiedervereinigung stand der Kindergarten in der Schusslinie der Systemauseinandersetzung. Die Entwicklung und Bedeutung des Berufs der Erzieherin kann nicht unabhängig davon betrachtet werden.

Erzieherinnen sind arbeitende Frauen. Erzieherinnen ermöglichen es Frauen, sich beruflich zu verwirklichen. Das heißt: Die Emanzipation der Frauen war und ist immer mit

dem Ausbau der Kinderbetreuung verbunden. Dass institutionelle Kinderbetreuung jedoch allein den Frauen aufgetragen
wurde – und zwar in beiden Systemen –, ist ein Makel, den es
endlich zu beheben gilt.

Verantwortung und Geld

Wer die Betreuung und damit auch die rechtlich geregelte
Aufsichts- und Fürsorgepflicht für eine Gruppe von Kindern
übernimmt, trägt eine große Verantwortung. Gemessen an
dieser »ist das Gehalt einer Erzieherin eher gering, obwohl es
gerade in dieser Berufssparte zu großen Differenzen kommen
kann, je nach Einsatzort und natürlich auch abhängig von der
Berufserfahrung. Gerade am Anfang ist mit Gehältern unter
1000 Euro zu rechnen, und auch mit mehrjähriger Berufserfahrung ist die 2000-Euro-Grenze nicht automatisch erreicht.
Erst Leiter einer Kindertagesstätte können auch Gehälter über
3000 Euro erzielen.«[16]

Hinzu kommt, dass sich auch im Erzieherinnenberuf
der Trend zur Teilzeitbeschäftigung manifestiert. »Etwa die
Hälfte der Erzieherinnen ist teilzeitbeschäftigt, wobei dieser
Anteil nach Arbeitsbereichen stark variiert. […] Den einen
kommt die Teilzeitarbeit zwar aufgrund ihrer familiären Situation gelegen, etwa wenn sie eigene Kinder zu betreuen und zu
versorgen haben. Dennoch berichtet etwa ein Drittel der teil-
zeitbeschäftigten Erzieherinnen davon, dass der Arbeitsmarkt
nur Teilzeitbeschäftigungen bereithält oder dies vom Arbeitgeber so gewünscht ist. Dieser Befund zeigt zweierlei: Bei vielen Erzieherinnen, die bereits Familie haben, stimmen Nachfrage und Angebot überein. Ihnen kommt die Teilzeitarbeit

entgegen. Für Erzieherinnen jedoch, die keine oder noch keine eigene Familie haben oder zur Sicherung ihres Lebensunterhaltes auf das Einkommen aus einer Vollzeiterwerbstätigkeit angewiesen sind, scheint es zunehmend schwieriger zu werden, den eigenen Lebensunterhalt aus der Erwerbstätigkeit zu bestreiten.«[17]

Unverschämtheit!
Für eine Erzieherin gibt es genau vier Karrierestufen: Erzieherin, Gruppenleiterin, stellvertretende Leiterin und Leiterin einer Einrichtung.
Stufe 1 bis 3: jeweils das gleiche Gehalt.
Die Leiterin bekommt nur dann ein höheres Gehalt, wenn die Einrichtung insgesamt mehr als 100 Kinder betreut. Das heißt: fünf Gruppen = zehn bis zwölf Stellen für pädagogisches Personal und zwei bis drei Stellen für hauswirtschaftliches Personal. Für all diese Mitarbeiterinnen und Mitarbeiter – von den Kindern mal abgesehen – ist die Leiterin verantwortlich.
Die Bezahlung in diesem Beruf ist eine Unverschämtheit![18]

Zum Beispiel Martina, sie ist seit zehn Jahren Erzieherin. Sie verdient 1300 Euro netto. Seit ihrer Scheidung vor fünf Jahren arbeitet sie jeden Samstag im Supermarkt, damit sie ihre beiden Kinder versorgen kann. Ihre letzte Anfrage nach einer Gehaltserhöhung wurde abgelehnt. Man sei an die Tarifverträge gebunden, und die ließen im Augenblick keinen Spielraum.

Wie kann es sein, dass Erzieherinnen, die durch ihre Arbeit die Emanzipation der Frau ermöglichen, sie sich selbst finanziell nicht leisten können? Können nur Frauen diesen Beruf ergreifen, die eine gute Partie gemacht haben? Oder deren Partner sich als Hausmänner um Kind und Haushalt kümmern, damit die Erzieherinnen Zweit- und Dritt-Jobs übernehmen können? Allenfalls als Beschäftigung für Ehefrauen aus wohlsituierten Verhältnissen, denen zu Hause die Decke auf den Kopf fällt, mag der Beruf angehen. Doch wer sich scheiden lässt, hat die Schwelle zur Armut schnell überschritten.

»Wenn sich daran nicht schnell etwas ändert, werden Krippen und Kindergärten bald unausgebildetes Personal einstellen müssen«, warnt Norbert Hocke, Vorstandsmitglied der Gewerkschaft Erziehung und Wissenschaft (GEW).[19]

Falsche Bescheidenheit

Die Möbelspende
Frau M. hat gerade die Wohnung ihrer Mutter aufgelöst, weil diese zu ihr zog. Die Couchgarnitur ist noch gut erhalten. Zum Wegschmeißen zu schade, findet Frau M., und der Kindergarten ihres Sohnes Wenzel kommt ihr in den Sinn. Sie bittet die Speditionsfirma, einen Abstecher zum Kindergarten zu machen. Das Sofa wird gut in den Gruppenraum passen, denkt sie.
Im Kindergarten schüttelt die Erzieherin den Kopf. Man habe ausreichend geeignete Möbel und Materialien, sagt sie dem Spediteur. Das angebotene Sofa könne sie nicht annehmen

Kindergärten klagen über haarsträubende bauliche Mängel, ungenügende Spielzeugausstattung und viele andere Probleme. Erzieherinnen werden schlecht bezahlt, fordern bessere Arbeitsbedingungen im Alltag, Vorbereitungszeiten, gesundheitliche Vorsorge, die dem Schweregrad der Arbeit entspricht, und ein angemessenes Verhältnis zwischen betreuten Kindern und Personal.

Es ist nicht abzusehen, dass sich die Politik ernsthaft mit diesen Forderungen befassen wird. In Berlin wurden 2009 Verbesserungen nur mit Hilfe eines von Eltern initiierten Volksbegehrens erreicht, das erst nach hochrichterlicher Anordnung von der Politik wahrgenommen wurde. Die Erzieherinnen wurden als mögliche Verhandlungspartnerinnen gar nicht in Betracht gezogen.

Selbst schuld, könnte man denken. Der Berufsstand ist, seit es ihn gibt, dafür bekannt, selbstlos und bescheiden aufzutreten. Die öffentliche Wahrnehmung akzeptiert, dass der Ehemann der Leiterin die kaputten Toiletten repariert, dass die Erzieherinnen jeden Krankheitsausfall klaglos durch unbezahlte Mehrarbeit ersetzen. Es ist normal, dass Spielzeug aus ausrangierten privaten Beständen stammt. Der Kindergarten ist zum Secondhandladen verkommen – eine bedürftige Anstalt, der Spenden immer willkommen sind. Und einem geschenkten Gaul schaut man bekanntlich nicht ins Maul.

Zwar haben Kindergärten Übung darin, den Mangel zu verwalten, doch der bisher gepflegte gesellschaftliche Konsens wird zunehmend zum Konfliktmittelpunkt. Denn Eltern erwarten für ihre Kinder top ausgestattete Bildungseinrichtungen. Trotzdem entsorgen sie Ausrangiertes gern im Kindergarten und sind schockiert, wenn »undankbare« Erzieherinnen den Kopf schütteln.

Denn lange wurden Einrichtungen am Staatssäckel vorbei finanziert; die Selbstausbeutung der Erzieherinnen und ihrer Familien wurde als selbstverständlich vorausgesetzt.

Doch dieses Vorgehen scheint heute aus der Mode zu kommen. Kindergärten sehen sich anspruchsvollen Eltern gegenüber, das Spielzeug muss modern, der pädagogische Ansatz schick sein. Da kommt der Griff in die Spendendose schon aus Wettbewerbsgründen nicht mehr in Frage.

Was auch eine Argumentationshilfe für Erzieherinnen sein könnte. Ihre Weigerung, Aussortiertes anzunehmen, ließe sich damit pädagogisch begründen: »Wir benutzen nur Spielmaterial, das den Kindern nützt. Unser Entwicklungsplan sieht vor, was wir mit den Kindern machen werden. Danach richten wir unsere Materialbeschaffung aus.«

Doch das ist Zukunftsmusik.

Über den Alltag von Erzieherinnen

Wer bin ich? Das heitere Berufe-Raten fällt für Erzieherinnen nicht lustig aus. In Deutschland hat man versäumt, sich darüber zu verständigen, welches Ziel mit der Einrichtung von Kindergärten und der Ausbildung von Erzieherinnen verfolgt werden soll. Sind Kindergärten für berufstätige Eltern da? Dienen sie der frühkindlichen Bildung? Oder sind Kindergärten Orte für Kinder?

Die Erzieherin soll Partnerin für Eltern und Kinder sein. Sie soll beide in der ersten Bildungsinstitution begleiten, die der Staat für Kinder vorsieht. Leider ist oft nicht klar, welche Erwartungen Eltern haben, wenn sie ihren Nachwuchs in den Kindergarten geben. Weil das so ist, geraten Erzieherinnen manchmal auch in Misskredit. Eltern gegenüber treten sie viel zu wenig selbstbewusst auf. Liegt das daran, dass sie sich höher gebildeten und anspruchsvollen Müttern und Vätern unterlegen fühlen? Fehlt ihnen der Mut, ihre Kompetenz, ihr Fachwissen und ihre Berufserfahrung auszuspielen? Haben sie keine Ideen, wie ihnen dies gelingen könnte? Was sind die Gründe, die die Anerkennung des Berufs im gesellschaftlichen Kontext immer wieder erschweren?

Es hilft wenig, ständig zu beschwören, dass eine Erzieherin den ganzen Tag über einer höchst verantwortungsvollen und anstrengenden Arbeit nachgeht. Es berührt Kritiker wenig, wenn von hohem Einsatz und Engagement in den Kindergärten die Rede ist. Und es hilft schon gar nicht, damit zu argumentieren, dass immer weniger Frauen bereit sind, den Beruf zu ergreifen, wenn die Anerkennung dafür ausbleibt. Selbst angesichts der Drohung, dass bald niemand mehr da sei, der die Kinder betreut, zuckt kaum jemand zusammen.

Drohen Opelbauer damit, keine Autos mehr zu produzieren, hat das Gewicht. Schließt der Kindergarten wegen streikender Erzieherinnen, ist das zwar unbequem, aber der Nachwuchs kann zur Not bei Nachbarn, Großeltern oder Bekannten untergebracht werden.

Der Kindergarten ist in den Köpfen der Mehrheit eben doch eine Betreuungseinrichtung, die ersetzt werden kann. Über die sozialen Beziehungen der Kinder und deren Lernbegleitung wird erst an zweiter Stelle nachgedacht – wenn überhaupt.

Dies zu ändern ist nicht allein Aufgabe der Politik. Für einen Wandel müssen auch die Erzieherinnen sorgen.

Die lebenslang Lernende

Doch viele Erzieherinnen geben sich alle Mühe. Keine andere Berufsgruppe gibt so viel Geld für Fortbildungen aus und nimmt so intensiv an Fortbildungen teil wie Erzieherinnen. Wenn überhaupt jemand die allgegenwärtige Forderung nach lebenslangem Lernen ernst nimmt, dann sie.

»Die Weiterbildungsbereitschaft der Erzieherinnen ist hoch. Fast alle Erzieherinnen gaben an, in den letzten zwölf Monaten eine der genannten Formen beruflicher Weiterbildung genutzt zu haben. Von diesen lasen 93 Prozent regelmäßig Fachzeitschriften oder Fachbücher, 75 Prozent nahmen an kurzzeitigen Veranstaltungen teil, zum Beispiel Vorträge und Halbtagsseminare, und 50 Prozent besuchten längerfristige Lehrgänge oder Kurse. [...]

Die Mehrzahl der Erzieherinnen wird vom Träger oder der Einrichtung bei ihren Fortbildungsaktivitäten unterstützt. Lediglich 4 Prozent der Befragten gaben an, keinerlei Unterstützung vom Arbeitgeber zu erhalten.[20]

Erzieherinnen haben Mut, denn sie stellen sich den Herausforderungen des sich ständig verändernden Kindergartens aktiv. Seit der Vereinigung ließ der Staat seine Experimentierlust an dieser Institution aus. Sei es die Umschulung der DDR-Erzieherinnen, sei es die behördliche Verpflichtung zur Wahl einer Konzeption oder eines Ansatzes, sei es die Qualitätsinitiative des Bundes, die mit mehreren Millionen Euro von der Bundesregierung gefördert wurde und die Einführung von Qualitätsstandards in den Kindergärten zum Ziel hatte. Mit der Inflation von Bildungsprogrammen in den letzten Jahren ist das Ende der Fahnenstange sicherlich noch nicht erreicht.

Die Erzieherinnen ließen all dies über sich ergehen, betreuten die Kinder dennoch zuverlässig und brachten sie zur Schulreife. Es gibt nur wenige Berufe, in denen die Menschen solch einem Wahnsinn an verschiedenen Maßnahmen und Strömungen ausgesetzt sind und trotzdem funktionieren. Besser wäre es, ihnen mehr an konkretem Fachwissen zu vermitteln, das sie im Kindergartenalltag anwenden können.

Emotionalität – Werkzeug oder Falle?

Erzieherinnen gehen ihrem Beruf auch aus Liebe nach – aus Liebe zu den Kindern und deren Lebenswelt. Das müssen sie auch, denn wie Kognitionsforscher wissen, kommt der Emotion bei Lernprozessen von Kindern grundlegende Bedeutung zu.

Die Emotionalität der Erzieherinnen ist also gewissermaßen ihr »Werkzeug«. Ohne sie könnten sie keine Erzieherinnen sein. Doch gerade die Emotionen sind es, die ihnen viele Fallen stellen. Denn wer aus Liebe Tag und Nacht arbeitet, den Eltern und Kolleginnen den Job abnimmt, wird schließlich frustriert sein, dass wenig zurückkommt. Statt der erhofften Anerkennung erfahren Erzieherinnen zumeist Kritik und Missachtung.

Natürlich gibt es heutzutage viele Erzieherinnen, die in ihrem Beruf glücklich sind und ihn erfolgreich bis zur Rente ausüben. Aber wird dies immer so sein? Die Zahl der jungen Menschen, die sich für diesen Beruf entscheiden, ist rückläufig. »Die kleinste Altersgruppe ist mit rund 16 Prozent die der unter 30-Jährigen«,[21] ist in einer Studie der GEW zu lesen. Viele Erzieherinnen scheiden weit vor dem Rentenalter aus. Burn-out, hohe Krankenstände und unglaubliche Fluktuationsraten bestimmen das Bild. Den meisten Erzieherinnen fehlt es an Kraft und Ideen, um diesem Elend entgegenzutreten.

Außerdem: *Die* Erzieherin gibt es so wenig wie *das* Kind. Der Berufsstand vereint viele verschiedene Menschen mit verschiedenen Eigenheiten, Vorstellungen und Verhaltensweisen. Für die Aufgabe, mit diesen Verschiedenheiten so umzugehen, dass sie zu Vorzügen werden, sind die Leiterinnen nicht ausgebildet, oft fehlen dafür auch Zeit und Geld. Kein Wunder also, dass oft auch noch Mobbing und Ausgrenzung an den Kräften der Erzieherinnen zehren.

Die Zusammenarbeit mit Eltern

Was ist für Elternohren bestimmt?
Gegen 9:00 bringt Frau S. ihren Ludwig in den Kindergarten. Er hat die Schneehose an, und Frau S. hilft ihm beim Ausziehen. Da sie selbst in warmen Wintersachen steckt, schwitzt sie und setzt sich erschöpft hin. Als Heike, Ludwigs Erzieherin, die Garderobe betritt, freut sie sich.
Heike setzt sich zu ihr und sagt: »Stell dir vor, die Barbara hat gekündigt. Ich wusste gleich: Wenn unsere Leiterin ihr nicht für die Fahrschule freigibt, wird das so enden. Ich habe schon mit der Mutter von Lukas und dem Vater von Maja gesprochen. Die finden auch, dass unsere Leiterin zu hart mit Barbara umgegangen ist. Und das Klo ist auch schon wieder verstopft. So richtig funktioniert hier momentan gar nichts.«
Zwei Monate später kommt ein Schreiben von der Kindergartenaufsicht, in dem erklärt wird: Wegen massiver Elternbeschwerden werde man die Betriebserlaubnis des Kindergartens überprüfen.

Im Kindergarten sind alle schockiert. Heike sagt zu einer Kollegin: »Die Eltern sind wirklich gemein. Da schwärzen sie uns bei der Aufsicht an, obwohl wir so viel mit den Kindern unternehmen ...«

Von guter Zusammenarbeit mit den Eltern sind die meisten Kindergärten weit entfernt. Viele Teams sind schon zufrieden, wenn sie es zu friedlicher Koexistenz gebracht haben.

Elternarbeit, Elternzusammenarbeit oder gar Elternmitarbeit – was meinen diese Begriffe eigentlich? Im Berliner Kindergartengesetz steht zum Beispiel: »Die Eltern sind in Fragen der Konzeption und deren organisatorischer und pädagogischer Umsetzung in der Arbeit der Tageseinrichtung zu beteiligen. [...] Die Fachkräfte erörtern mit den Eltern die Grundlagen, Ziele und Methoden ihrer pädagogischen Arbeit.«[22]

Doch was heißt das genau? Darüber schweigt das Gesetz. Demzufolge bleibt es für Eltern wie für Erzieherinnen ein Balanceakt, die richtige Form der Zusammenarbeit zu finden.

Für wirkliche Zusammenarbeit fehlt es in den meisten Kindergärten am Elementarsten: nämlich dem professionellen Umgang miteinander. Kein Wunder, dass sich persönliche Empfindlichkeiten und berechtigte Interessen überlagern und beide Seiten das eigentliche Ziel aus den Augen verlieren.

Es geht nicht darum, Kuchen zu backen, Räume zu renovieren oder die Leiterin zu kontrollieren. Es geht um die optimale Entwicklung der Kinder, um derentwillen die Institution Kindergarten erfunden wurde.

Die Gründe, die Eltern zu mehr oder weniger engagierter Mitarbeit im Kindergarten veranlassen, sind so verschieden wie die Familien, aus denen die Kinder kommen. Logisch, dass Eltern die Arbeit der Erzieherinnen auf unterschiedliche Weise wahrnehmen und sie nach ihren eigenen Erfahrungen und Werten beurteilen. Erzieherinnen fühlen sich diesem diffusen Gefüge ausgeliefert, ungerecht behandelt oder wie Heike und ihre Kolleginnen verkannt: »Wir haben doch alles getan ...«.

Solche oder ähnliche Äußerungen sind oft Stolpersteine in Elterngesprächen. Erzieherinnen fühlen sich angegriffen, nehmen eine Rechtfertigungshaltung ein und verbauen sich damit selbst den Weg zu den Eltern.

Die Grundlage guter Zusammenarbeit von Eltern und Erzieherinnen heißt: Professionalität. Sie drückt sich in Selbstbewusstsein und Fachlichkeit aus. So wäre Heike besser beraten gewesen, wenn sie Ludwig entgegengekommen und die erschöpfte Mutter verabschiedet hätte. Würden die beiden Frauen einander nicht duzen, hätte Heike eine bessere Ausgangsposition im Elterngespräch. Auch wenn sich das vertrauliche Du gut anfühlt – in kritischen Situationen ist es hinderlich, denn es verschleiert die Positionen.

Erzieherinnen im Kindergarten müssen einen Auftrag erfüllen, den die Eltern und der Staat ihnen übertragen haben. Doch es scheint, als fühlten sie sich in dieser abstrakten Gedankenwelt nicht zu Hause und versuchten deshalb, freundschaftliche und familiäre Beziehungen im Kindergarten zu schaffen. Dies verleitet zu Vertraulichkeiten. Berufen sich Eltern in Beschwerden und Kündigungen später auf die Vertragserfüllung, sind Erzieherinnen empört.

Wir empfehlen, den Beruf nicht auf der Grundlage von Emotionen auszuüben, die emotionale Gegenleistungen erfordern. Das muss in die Sackgasse der Frustration führen, weil solche Gegenleistungen von Eltern oder gar vom Bürgermeister nicht erwartet werden können und demzufolge ausbleiben. Da hilft es auch nicht, darüber zu klagen, dass man die ganze Nacht an den Faschingskostümen für die Kinder der Gruppe gebastelt hat.

»Als Erzieherin und Mensch habe ich inzwischen gelernt: Was man von dem einen Elternhaus erwarten kann, kann man bei dem anderen nicht voraussetzen«, berichtet eine Berliner Erzieherin. »Unter unseren Eltern sind freischaffende Künstler, Lehrerinnen, Architekten, Hartz-IV-Empfänger und muslimische Großfamilien. Da gibt es kein Level, das für alle gilt. Gut finde ich, wenn ich merke: Wir können miteinander sprechen, uns unterhalten, auch über die Kinder – ohne Blockade, Aggression oder Frust. Das ist zwar kein großer Nenner, aber das Eigentliche.«

Erzieherinnen sollten sich klarmachen, dass Eltern ganz unterschiedliche Bedürfnisse, Ziele und Motivationen haben. Eine Mutter sucht neue Freunde und Bekannte unter den Kindergarten-Eltern. Eine andere Mutter findet es vorteilhaft für die Entwicklung ihres Kindes, sich mit der Erzieherin anzufreunden. Ein Vater lebt seine Belehrungssucht im Kindergarten aus, weil die Kollegen ihm nicht mehr zuhören. Kurz: Unterschiedliche elterliche Motivationen äußern sich mitunter in unterschiedlichen Anforderungen an den Kindergarten – und es ist schlichtweg unmöglich, sie alle zu erfüllen.

Stellen Sie sich einmal vor: Sie stehen am Tresen einer Fastfood-Kette, bestellen Ihr Lieblingsmenü und erfahren, was hinten in der Küche alles schiefläuft. Ein wenig verwirrt würden Sie schon dreinblicken, oder?

Auch im Kindergarten ist es wichtig, Innen- und Außenkommunikation professionell zu trennen, und Erzieherinnen haben die Pflicht, Probleme dort zu lösen, wo sie entstanden sind. Das heißt: Betriebsinternes gehört nicht in Elternohren.

Was verleitet Erzieherinnen dazu, sich mit Problemen lieber an Eltern zu wenden, als sie im Team oder mit dem Träger zu klären? Ist es der gleiche Grund, der Eltern dazu verleitet, sich zusammenzuschließen, um persönliche Interessen gegen ein Kindergartenteam und seine Beschlüsse durchzusetzen?

Liegt es daran, dass niemand am Tresen einer Fastfood-Kette der Klage über ein verstopftes Klo oder den Krankenstand Aufmerksamkeit schenken würde? Im Kindergarten hingegen scheinen solche Themen manche Eltern brennend zu interessieren. In diesem Fall besteht die Herausforderung für Erzieherinnen darin, das brennende Interesse auf die Entwicklung der Kinder zu lenken – denn darum geht es in der modernen Kindergartenpädagogik.

Wir behaupten, Erzieherinnen sind ausgebildete Fachkräfte, die über Erfahrungen verfügen und durchaus zum professionellen Umgang mit Eltern fähig sind. Das ist gar nicht so schwer.

Die neue Hose

Marvins Hose ist kaputt. Seine Mutter stürmt ins Büro. »Wissen Sie überhaupt, wie teuer die Hose war? Unsere Oma hat tief in die Tasche gegriffen, um sie für Marvin zu kaufen!«
Die Leiterin hört der Mutter ruhig zu und erklärt danach noch einmal die Regeln des Kindergartens: »Liebe Frau M., wir weisen nicht umsonst immer wieder darauf hin, wie wichtig es

ist, dass die Kinder bei uns robuste und unempfindliche Kleidung tragen. Sie bewegen sich nun einmal viel und gern. Das
wollen und werden wir auch nicht unterbinden. Wir haben Sie
von Anfang an darauf hingewiesen, dass wir beschädigte oder
verschmutzte Kleidung nicht ersetzen können. Außerdem gehört es zu unserem Konzept, den Kindern Selbständigkeit zu-
zutrauen. Marvin bekommt das sehr gut …«
Nach einer Pause fügt sie hinzu: »Ich verstehe Ihren Zorn.
Die Hose ist wirklich schön, und nun hat sie ein Loch am Knie.
Vielleicht suchen Sie mit Marvin einen lustigen Flicken aus.
Dann wird aus der Hose ein ganz besonderes Stück für Ihren
Sohn.«

Die Regeln sind klar. Da ist es leicht, sich darauf zu berufen.
Also entschuldigte sich die Leiterin nicht etwa, wich dem
Konflikt nicht aus und vermied dadurch, dass er ungelöst wei-
terschwelt und sich womöglich auf andere Situationen oder
Sachbezüge erstreckt.

Welches Konzept ist richtig?

Erzieherinnen arbeiten mit Menschen und setzen vor allem
auf Emotionalität. Dieses Vorgehen hat sich bewährt, denn
keine der fachlichen Prämissen oder inhaltlichen Vorgaben hat
in diesem Beruf lange Bestand. Insofern gleicht der Kindergarten einer Modemesse. Auf dem Laufsteg kommt an, wer besonders schicke oder spektakuläre Konzepte vorzuweisen hat.
Inhalte und Methoden wechseln wie die Rocklänge. Klar, dass
Erzieherinnen sich abschirmen müssen, um in diesem Durcheinander zu überleben.

Was bleibt? Die Kinder. Sie sind immer da, und ihre Entwicklungsfortschritte sind die Meßlatte für beruflichen Erfolg. Doch mit einer solchen Sicht kann man gesellschaftliche Anerkennung für den Berufsstand nicht generieren. Wer sich in den Kindergarten wie auf eine Insel zurückzieht, wird früher oder später vergessen.

Erzieherinnen müssen erkennen, dass der Kindergarten nicht allein der Kinder wegen existiert. Zu ihnen gehören die Eltern, und hinter den Eltern steht der gesamte gesellschaftliche Kontext: Arbeitgeber und kommunale Entscheidungsträger, das soziale Umfeld, das Einflüsse ausübt und Meinungen transportiert.

Die Beurteilung der Leistung und der Qualität eines Kindergartens findet in diesem Kontext statt. Aus dem Blickwinkel der einzelnen Erzieherin ist das schwierig wahrzunehmen.

Der Staat verzichtet darauf festzulegen, wie ein Kindergarten arbeiten muss, welche Methoden und Standards umzusetzen sind und welchem Berufsethos Erzieherinnen folgen sollen. Da solche Vorgaben fehlen, gibt es kaum authentische Vorbilder. Eine Leiterin, die ihrer Verantwortung wirklich gerecht wird, kann man lange suchen. Einrichtungen, die vorbildlich arbeiten und von denen man lernen kann, sind dünn gesät.

Vom Konzept-Hopping des Kindergartens

Der Versuch, das politisch verursachte Vakuum an Zielen und Methoden für den Kindergarten mit selbst gewählten Konzepten zu füllen, geht oft daneben, wie die folgenden Beispiele zeigen:

Selbstdarstellung 1
Besonders wichtig ist uns ...
die Individualität jedes Kindes wertzuschätzen;
Menschen, Natur und Zusammenleben wertzuschätzen;
andere Menschen mit ihren Eigenarten und Besonderheiten
zu akzeptieren;
Selbstwertgefühl und Selbstbewusstsein aufzubauen und zu
fördern;
Selbständigkeit, Eigeninitiative und Eigenständigkeit zu fördern und zu unterstützen;
das Sozialverhalten und die Fähigkeit zur Konfliktlösung zu
fördern;
Solidarität und Friedensfähigkeit zu fördern;
das Benennen und Verwirklichen eigener Bedürfnisse, aber
auch das Aushalten von Frustration zu lernen und zu fördern;
vielfältige Sinneswahrnehmungen anzuregen und zu unterstützen;
Lebensfreude, Spaß und Entdeckerlust zu fördern;
Kreativität und Bewegung zu fördern;
Offenheit und Freiheit zu leben.[23]

Selbstdarstellung 2
Unsere Ziele:
Körper- und Bewegungskompetenz
Sinnes- und Wahrnehmungskompetenz
Sprachkompetenz
Phantasie- und Kreativitätskompetenz
Sozialkompetenz
Motivations- und Konzentrationskompetenz
ethische und moralische Wertekompetenz
Medienkompetenz[24]

Zwei Ausschnitte aus Kindergarten-Konzeptionen. Selbst bei genauem Hinsehen und gründlichem Lesen kann weder der Laie noch der Profi erkennen, dass es sich beim ersten Beispiel um einen Reggio-Kindergarten und beim zweiten um eine Waldorf-Einrichtung handelt.

Häufig versuchen Kindergarten-Teams, sich von anderen Einrichtungen abzugrenzen, indem sie ihre Selbstdarstellungen mit leeren Phrasen, großspurigen Erklärungen und herzergreifenden Sprüchen ausschmücken. Fragt man, was sich hinter den Formulierungen verbirgt, erhält man nebulöse Antworten. In Reggio-Kindergärten wird von den »Hundert Sprachen der Kinder« geschwärmt. Montessori-Kindergärten berufen sich auf: »Hilf mir, es selbst zu tun.« Und die bundesdeutsche Alternative aus den 1970er Jahren, der Situationsansatz, will von kindlichen Lebenssituationen ausgehen.

Es gibt so viele Konzepte wie Erklärungsversuche – sie füllen dicke Bücher. Allerdings scheint der Kindergarten sich auf fachlicher Ebene nach wie vor nur mittels mühsam an den Haaren herbeigezogener Floskeln behaupten zu können. Man sucht sich ein Konzept aus wie einen Liebesroman im Buchladen und liest dann nur die spannenden Stellen. Aus welcher Zeit die Story stammt, egal – solange sich ein paar Zitate finden, die »ansprechend« und »überzeugend« klingen.

Das kann man den Erzieherinnen übrigens nicht wirklich zum Vorwurf machen, denn es wird kein gesellschaftlicher Diskurs über die fachlich richtige konzeptionelle Ausrichtung des Kindergartens geführt. So bleibt nur die »emotionale Verdeutlichung«: Wer mit großen Kinderaugen und seinem Herz für Kinder wirbt, hat offenbar die besten Chancen.

Dass es nicht reicht, gefühlvoll zu schwadronieren, wenn

man die Qualität des eigenen Kindergartens beschreiben möchte, ist einigen Kindergarten-Teams auch schon aufgefallen, zumal der Wettbewerb der Konzepte zunehmend zum Konkurrenzkampf der Marken wird. Marken sind wichtige Alleinstellungsmerkmale im Kampf um Kunden und Märkte. Wer die stärkste Marke hat, besitzt im Hinblick auf seine Produkte die größte Überzeugungskraft.

Allerdings hat der Kampf der Marken im pädagogischen Bereich noch nie zu Marktgewinn und wirtschaftlichem Erfolg geführt. Das hat eine ganz einfache Ursache: In der Kindergarten-Pädagogik geht es nicht um größtmögliche Trennschärfe bei der Abgrenzung der Methoden und Marktanteile. Vielmehr geht es darum, einen Weg zu finden, der jedem einzelnen Kind in seiner Individualität gerecht wird und es bestmöglich auf die Zukunft vorbereitet. Dieses Ziel sollte politisch proklamiert und gesetzlich verankert werden. Staatliche Unterstützungs- und Kontrollsysteme sollten dafür sorgen, dass jeder Kindergarten in dieser Sache erfolgreich ist – unabhängig von Reggio, Montessori und Co.

Solange der Staat aber auf die Steuerung dieser Ziele und Aufgaben verzichtet, werden Erzieherinnen weiter herumirren und nach Konzepten suchen, die ihnen emotional zusagen.

Es geht nicht darum, einer mal wieder neuen oder erneuerten Pädagogik zu folgen, sondern den Kindergarten-Alltag für jedes einzelne Kind so gut wie möglich zu gestalten. So neu, wie eine pädagogische Strömung oder Ansicht sich auch geben mag – es ist immer schon jemand da, der schneller war und noch genauer Bescheid weiß. Erzieherinnen, die sich diesem Wettkampf aussetzen, werden wie der Hase vor Erschöpfung am Wegesrand zusammenbrechen.

Konzept-Hopping nennt man diesen Sport. Eltern wie Pädagoginnen betreiben ihn gegenwärtig gleichermaßen leidenschaftlich – ob freiwillig oder nicht, das sei dahingestellt, obwohl solche Prozesse gern eine Eigendynamik entfalten, welche die Steuerung von außen zumindest erschwert.

Erzieherinnen müssen nicht nur den Eltern-Erwartungen gerecht werden, sondern auch den Anforderungen, die der Gesetzgeber an die Betreuung und Bildung der Kinder allgemein und in den landesspezifischen Bildungsprogrammen für den Kindergarten formuliert hat. In vielen Bundesländern werden die Ergebnisse evaluiert.

Die Bildungsprogramme wurden in der Regel von Fachleuten der jeweils ansässigen Universitäten erarbeitet und politisch nach und nach in der Praxis durchgesetzt. Demzufolge dominieren die pädagogischen Ansichten der herrschenden Professoren die Programme. Vergleicht man sie im Einzelnen, liegen ihnen – stark vereinfacht – konstruktivistische Vorstellungen oder die Idee der Ko-Konstruktion menschlicher Entwicklung und menschlichen Lernens zugrunde. Da fast alle Programme auf Umsetzungsstrategien für die pädagogische Praxis verzichten, fehlen den Erzieherinnen konkrete Handlungsanleitungen. Von den vielerorts miserablen oder ganz und gar fehlenden Rahmenbedingungen, die die Umsetzung erschweren oder verhindern – zum Beispiel Vor- und Nachbereitungszeiten, ein höherer Personalschlüssel, bessere pädagogische Ausbildung, die Änderung von Raumkonzept, Gruppengröße und Materialangebot – ganz zu schweigen.

Von echten Vorbildern und Gurus

Den Erzieherinnen fehlen echte Vorbilder. Mit echtem Vorbild sind nicht etwa Malaguzzi, Maria Montessori, Herr Frenet oder das Ehepaar Wild gemeint – alles berühmte Pädagogen, deren Namen für die von ihnen begründeten pädagogischen Strömungen stehen –, sondern Menschen aus dem wirklichen Leben, hier und heute.

Auf der Fachtagung

Seit Monaten freut sich Beate auf die Fachtagung in Berlin. Aus eigener Tasche bezahlte sie 200 Euro Teilnahmegebühr, das Team stellte sie für diesen Tag frei. Sie freut sich, ausgewählt worden zu sein, und will dem Team hinterher berichten, welche neuen Trends es in der Pädagogik gibt. Sicherlich lässt sich auch etwas davon im eigenen Kindergarten umsetzen.

Nun sitzt sie mit rund 250 anderen Erzieherinnen im großen Rathaussaal. Nach den Vorträgen und Zusammenkünften in Arbeitsgruppen erwartet sie gespannt die Podiumsdiskussion, bei der die Ergebnisse des Tages zusammengetragen werden sollen.

Auf dem Podium sitzen: der Hirnforscher Dr. Brain, der Bauunternehmer Hans Herrlich, die Kindergartenleiterin Lisa Leise und der Moderator Thomas Kluge. Es entfaltet sich eine heftige Diskussion darüber, wie der Kindergarten der Zukunft aussehen soll. Besonders der Bauunternehmer hat viel dazu zu sagen: Er habe drei Kinder großgezogen, die nun in New York und Paris arbeiten; seine drei Enkel seien im Kindergartenalter. Die Kindergartenleiterin sagt nichts.

Beate fühlt sich geradezu erhoben. So eine schöne Tagung! So

viele wichtige Leute! Dabei sitzen im Publikum doch nur Erzieherinnen!
Am Buchstand hat sie in der Pause noch schnell ein Heft mit
Tipps zum Lampionbasteln gekauft. Darüber werden sich bestimmt alle im Team freuen.

Viele Menschen maßen sich an, etwas über Kinder zu wissen, weil sie selber welche haben. Man stelle sich dies einmal in einer anderen Branche vor: Ein Augenärztekongress
zur Behandlung des grünen Stars findet statt. Auf der Bühne
erklärt ein Bauunternehmer, welche Operationsmethode er
für die richtige hält, weil seine Mutter sie gut überstanden
hat.

Ärzte ließen sich branchenfremde Belehrung allenfalls als
Kabarett-Nummer in der Pause gefallen. Erzieherinnen fühlen
sich geehrt. Warum ist das so? Um das herauszufinden, steigen wir etwas tiefer in die Pädagogik ein.

Grundlage der heutigen Kindergärten und deren Arbeits-
weisen sind zum größten Teil die Ideen der Reformpädagogik.
Wer reformpädagogische Konzepte genauer unter die Lupe
nimmt, erkennt, dass sie einander ähneln. Das ist auch logisch,
denn traditionsreiche Strömungen wie die Montessori- oder
Reggio-Pädagogik entstanden nicht, weil sie miteinander konkurrieren wollten. Ihre Gründer oder Initiatoren hatten die
gesellschaftlichen Verhältnisse analysiert, ihre eigene pädagogische Praxis dazu in Beziehung gesetzt, Kinder beobachtet,
Wissen über deren Entwicklung zusammengetragen und es
für die Verbesserung der pädagogischen Praxis nutzbar gemacht. Sie entwickelten ihre Konzepte in einem bestimmten
historischen oder ideologischen Kontext. Dies muss man wis-

sen, will man sich ihrer Ideen heute bedienen. Die Bedeutung der reformpädagogischen Initiatoren für unsere Gegenwart besteht darin, dass auch sie sich fragten, was Kindern im Hinblick auf das zu erreichende Ziel nützt.

Man sollte sich von überflüssigen und unzeitgemäßen Vorstellungen trennen, andere Ideen variieren und prüfen, ob sie in veränderter Form praktikabler sind, um das Ziel zu erreichen. Kurz: Pädagogik muss veränderbar sein, weil die Welt, in der sie umgesetzt wird, sich verändert.

Sicher ist es hilfreich, sich an Vorbildern zu orientieren, um die eigene Arbeit einzuordnen und verbessern zu können. Vorbilder sind gut, solange sie nicht zu unhinterfragbaren Lichtgestalten werden und dadurch kritisches Denken lähmen.

Was bringt gestandene Frauen wie Beate dazu, sich von den Phrasen selbsternannter Erziehungsexperten beeindrucken zu lassen? Wir glauben, die jahrzehntelange Missachtung des Berufs hat dazu geführt, dass Erzieherinnen dankbar für jede Art der Anerkennung und Aufmerksamkeit sind.

Hier wie bei anderen Problemen lässt sich feststellen: Der fachliche Konsens darüber, was der Kindergarten und die darin tätigen Fachkräfte zu leisten haben, fehlt. Mit diesem Vakuum müssen sich alle Beteiligten arrangieren. Deshalb ist es kein Wunder, dass Erzieherinnen ihre Anerkennung nicht wie Augenärzte über fachliche Standards einfordern können. Sollen sie nun die Hände betrübt in den Schoß legen? Nein! Fachliche Anerkennung erreicht man am ehesten, wenn man sich auf die eigene Profession besinnt und sie an geeigneten Merkmalen festmacht.

Erzieherinnen brauchen Tagungen und Fachkonferenzen, die von ihrem eigenen Berufsstand organisiert und geleitet werden. Fehlt das Zutrauen, kümmern sich andere Leute darum, denn damit lässt sich Geld verdienen. Filmemacher, Möbelhersteller und andere Fachfremde haben das längst erkannt und spielen höchst erfolgreich mit dem berechtigten Bedürfnis der Erzieherinnen nach fachlicher Professionalisierung und gesellschaftlicher Anerkennung: Erzieherinnen pilgern zu Tagungen und Veranstaltungen, fühlen sich geehrt, wenn man sich um sie kümmert, und zücken ihr schmales Portemonnaie. Kein Gedanke, skeptisch nachzufragen, warum Filmemacher keine Tagungen für Filmemacher organisieren und Bauunternehmer nicht auf einer Konferenz der Baubranche sprechen.

Immerhin – man kann den pädagogischen Alltag mal hinter sich lassen. Erzieherinnen genießen Konferenzen wie eine Session beim Großmeister: Man schwärmt, fühlt sich innerlich tief berührt und bewegt. Und man leidet unter der vorab konstatierten Nicht-Machbarkeit dessen, was man so toll findet. Auch dass man hinterher nichts Konkretes in der Hand hat, ist offenbar nicht schlimm.

In der Literatur gab es gegen Ende des 18. Jahrhunderts und parallel zur deutschen Klassik eine Strömung, die Herzen höher schlagen ließ. Literaturwissenschaftler nennen sie: die Empfindsamkeit. Der Berufsstand der Erzieherinnen scheint die Empfindsamkeit in Zeiten allgemeiner Unsicherheit wiederentdeckt zu haben. Sie sind empfänglich für romantische, herzbewegende Sprüche und Kinder-Bilder, gewinnen selbst den plattesten Plattitüden und verdrehtesten Wortschöpfungen Sinn ab. Obwohl die angehimmelten Vorbilder keine Antworten auf konkrete Fragen und Probleme des pädagogischen Alltags liefern, obwohl fachliche Anleitung, methodische Schulung und die Präsentation wirklich geeigneter Instrumente meist ausbleiben, werden die selbst ernannten Meister vom dankbaren Erzieherinnen-Publikum bejubelt und beklatscht. Danach fährt man heim, erholt wie nach der Kur. Dort warten die Fragen, auf deren Beantwortung man während der Tagung vergeblich hoffte, zwar immer noch, aber: Macht nichts, es war doch so toll ...

Was Erzieherinnen verändern können

Es ist an der Zeit, etwas zu verändern. Erzieherinnen können auch selbst aktiv ihre Situation, die Situation der Institution Kindergarten verbessern. Es geht darum, sich einzumischen, mehr Achtung vor sich selbst, seinem Können zu haben und durch eine noch stärkere Professionalisierung des Erzieherinnenberufs besser mit Problemen umgehen zu können.

Mitreden statt zuhören

Auf Tagungen und Konferenzen, in politischen und Universitäts-Gremien wird viel über Erzieherinnen, ihre Arbeit und ihre Ausbildung gesprochen. Doch die Erzieherinnen reden nicht mit. Warum nicht? Kann es sein, dass sie an solchen Debatten nicht interessiert sind?

Diese Debatten werden abstrakt geführt. Postulate werden verbreitet; die Praxis kommt selten vor. Den Erzieherinnen jedoch geht es um die Kinder und deren Lebensalltag. Sie leiden unter dem ständigen Palaver über ihre Arbeit und ihren Beruf. Und das nicht nur, weil sie so empfindsam sind, sondern weil die Inhalte der Debatten so wenig mit ihrer Arbeit und dem wirklichen Leben der Kinder zu tun haben.

Diese passive Haltung muss sich ändern. Weg von der gemütlichen Empfindsamkeit – hin zur Reflexion des eigenen Könnens!

Das ist auch gar nicht so schwer. Schließlich gibt es im Berufsstand eine Menge Menschen, die treffliche Ideen für eine gelingende pädagogische Praxis haben. Es gibt nicht wenige Profis, von denen man lernen kann und die helfen, Lösungen für aktuelle Herausforderungen zu finden. Echte Vorbilder kommen nämlich aus der Praxis von heute. Sie wissen, was und wie es geht, können das erklären und vormachen. Mit berauschenden Sentenzen und beschwingtem Herzen kommen sie allerdings nicht daher, sondern sie bringen Werkzeuge mit und zeigen, wie man sie benutzt – konkret im Alltag.

Jede Erzieherin kennt Kolleginnen, die ihr etwas beigebracht haben, von denen sie lernen konnte, im eigenen Team, im Nachbarkindergarten oder im Landkreis. Sich dort umzusehen ist oft sinnvoller, als Vorträgen auf großen Kongressen zu lauschen. Tatsächlich stimmt die alte Binsenweisheit: Die besten Ideen finden sich vor der Haustür. Und manchmal sind es gerade die kleinen Dinge, die große Veränderungen bewirken.

Es lohnt sich, zu hospitieren und miteinander zu beraten:

- Wie spielt man mit Kindern?
- Wie gestaltet man Essenssituationen, in denen die Selbständigkeit der Kinder gefördert wird?
- Wie beobachtet man so, dass man das Ergebnis der Beobachtung für die individuelle Förderung eines Kindes nutzbar machen kann?

- Auf welche Weise bereitet man Bildungsangebote vor und nach? Wie führt man sie so durch, dass die Kinder etwas lernen?
- Wie spricht man mit Eltern in Konfliktsituationen?

Ebenso lohnt es sich, einen Blick in die europäischen Nachbarländer zu werfen, die dortige Praxis kennenzulernen und eine Zeit lang mitzuarbeiten.

Halten wir fest: Es herrscht kein Mangel an Vorbildern – man muss nur die Perspektive wechseln und sich in den eigenen Reihen umschauen. In anderen Berufszweigen ist das eine Selbstverständlichkeit.

Nehmen wir die Physiotherapeuten. Bei ihnen entscheiden Fakten; Ursache und Wirkung werden genau analysiert. Und vor allem: Man belässt es nicht bei schönen Reden, sondern übt, übt, übt. Aneinander und miteinander, bis die Technik sitzt.

Warum soll das bei Erzieherinnen nicht möglich sein? Wir raten dringend, sich des eigenen Fachwissens bewusst zu werden und sich überall dort einzubringen, wo es um den Kindergarten geht.

Politik, Wissenschaft und Forschung können ihren Beitrag leisten, wenn ihre Vertreter nicht mehr über, sondern mit den Erzieherinnen diskutieren.

Warum? Weil Erzieherinnen am besten wissen, welche Defizite es zum Beispiel in der Ausbildung gibt. Schließlich arbeiten sie mit den jungen Berufsanfängerinnen zusammen. Sie können am besten beurteilen, welche Dokumentationsformen praktikabel und welche Methoden im Hinblick auf die individuelle Entwicklungsförderung angemessen sind.

Das hohe Gut Gesundheit

Wie steht es um das Wohlergehen der Erzieherinnen? Dieses Thema rückt auch in politischen Diskussionen immer mehr in den Mittelpunkt. Leider ist das kein Verdienst der Betroffenen, sondern dem sich immer stärker ausdünnenden Arbeitsmarkt geschuldet. Plötzlich kann nicht mehr jede freie Erzieherstelle besetzt werden. Plötzlich wird es wichtig, dass die Erzieherinnen gesund bleiben und dem Beruf nicht den Rücken kehren. Doch wie so oft im Leben: Was man nicht übt, gerät leicht aus der Balance.

Es geht nicht darum, die Erzieherinnen zu schonen und möglichst viele Leute einzustellen. Die Verdoppelung des Bundesbahnpersonals mittels Berufsanfängern und Hilfskräften ließe die Züge nicht pünktlicher ankommen, und vor lauter Einarbeiten oder Anleiten kämen die erfahrenen Eisenbahner zu gar nichts mehr.

So ist es auch im Kindergarten. Ein angemessener Personalschlüssel wird gebraucht, denn viele Köche verderben den Brei. Gebraucht wird eine kompetente Leiterin, die den Personaleinsatz genau steuert und per Budget über Geld für Krankheitsvertretungen verfügt. Doch leider entscheiden Politiker in der Regel nicht nach Notwendigkeit, sondern orientieren sich am Kriterium der Wahlkampftauglichkeit.

Gesundheit ist ein hohes Gut und braucht Pflege. Zum Beispiel in Sportkursen, Rückenschulen und bei Teamcoachings, die in den Berufsalltag ebenso integriert werden müssen wie die Vorbereitungszeiten für die Arbeit mit den Kindern. Dass dafür Räume und technische Voraussetzungen nötig sind, versteht sich von selbst. Dass das etwas kostet, ist auch kein Geheimnis.

Doch wer seine Lebens- und Arbeitskraft jahrzehntelang fast verschenkt hat, ohne groß aufzumucken, muss sich nicht wundern, dass der Staat nicht bereit ist, einzulenken. Finden wir uns also damit ab, dass mehr Erzieherinnen zur Selbstausbeutung in die Einrichtungen geschickt werden? Nehmen wir hin, dass nur wenige Kindergärten über kompetentes Leitungspersonal verfügen, dessen Arbeitsbedingungen nicht interessieren?

Um das zu ändern, müssten Erzieherinnen den oft zitierten Satz »Das Kind steht im Mittelpunkt« noch mal ganz langsam lesen und neu interpretieren. Sich selbst und die eigene Gesundheit für die Kinder zu opfern, das ist nämlich nicht gemeint. Nur eine lebensfrohe, ausgeglichene Erzieherin, die auf die eigenen Ressourcen achtet, kann Kindern und Eltern eine gute Begleiterin sein.

Der Beruf als Handwerk –
Sinn und Unsinn der Hochschulausbildung

Vor einigen Jahren begaben sich deutsche Politiker auf Skandinavienreise. Sie wollten wissen, warum die nördlichen Länder im PISA-Wettbewerb so viel erfolgreicher waren als Deutschland. Die Antwort war schnell gefunden: In Skandinavien bildet man Erzieherinnen an den Universitäten aus. Mit dieser Erkenntnis im Gepäck, ging man in Deutschland daran, den PISA-Siegern Konkurrenz zu machen.

Seit nunmehr fünf Jahren werden in Deutschland Erzieherinnen an den Hochschulen ausgebildet. Im letzten Jahr spürten die Kindergärten erstmals die Folgen dieser Neuerung: Die Ausbildungseinrichtungen entließen zu wenige junge Frauen

auf den Arbeitsmarkt, die bereit waren, tatsächlich als Erzieherinnen im Kindergarten zu arbeiten. Sie zogen es vor, Stellen in
Ämtern zu besetzen, wurden Fachberaterinnen oder waren in
der Fortbildung tätig. Mit einer abgeschlossenen Hochschulausbildung wählt man eben einen besser bezahlten Beruf.

Der Arbeitsmarkt ist leer. Notgedrungen gehen die Kindergärten dazu über, Erzieherschülerinnen im letzten Prak-
tikumsjahr an sich zu binden. Die Bundesländer werben
einander die Fachkräfte ab. Nach vielen Jahren strengster
Fachkräfteorientierung in den Kindergärten der Republik
werden plötzlich Quereinsteigerprogramme und Fachfrem-
denzulassungen möglich.

Die *Süddeutsche Zeitung* schreibt: »In Städten wie Berlin,
Frankfurt, Stuttgart oder Leipzig ist die Notlage bereits zu
spüren. Auch in München sind derzeit etwa 80 Stellen unbesetzt. Seit November geht die Stadt mit einer aufwendigen
Werbekampagne im Umkreis von 350 Kilometern auf Erzieher-
Fang und hofft auf die Wirkung von Plakaten und Schnupper-
wochenenden, verbilligter Zoobesuch inklusive. Zudem sollen Erzieherinnen Werbepostkarten an Bekannte im ganzen
Land verschicken und ihnen den Erzieher-Job in München
schmackhaft machen. Bis 2011 benötigt die Stadt voraussicht-
lich 1700 zusätzliche Kräfte.

Ob Postkarte und Zoobesuch als Anreiz ausreichen, ist
allerdings höchst fraglich. Laut Norbert Hocke von der GEW
gibt es derzeit in Deutschland etwa 40 000 arbeitslos gemel-
dete Erzieher und viele Teilzeitkräfte, doch der Großteil steht
kurz vor der Rente. Gleichzeitig kommen geburtenschwache
Jahrgänge auf die Fachakademien zu. Der Beruf müsse deshalb unbedingt auch für Abiturienten interessant werden.«[25]

Wie kommt das? Haben die Reisenden in Skandinavien nicht richtig aufgepasst? Anscheinend nicht, denn sonst wäre ihnen aufgefallen, dass man dort bereits seit Jahren mit einem eklatanten Fachkräftemangel zu kämpfen hat. In Norwegen trafen wir auf Einrichtungen, die Zulassungen als Kindergärten bekommen hatten, weil sie eine (!) Fachkraft aufweisen konnten. Die restlichen Mitarbeiterinnen waren Laien.

In Schweden wird gesetzlich gefordert, dass mindestens 50 Prozent der Kindergartenangestellten eine Erzieherausbildung haben sollten. Dieses Ziel zu erreichen, fällt den meisten schwedischen Kindergärten schwer. Kein Wunder, denn wer an der Hochschule studiert hat, möchte nach erfolgreichem Abschluss in einem Beruf arbeiten, der angemessene Entlohnung und angemessenes gesellschaftliches Ansehen garantiert. Weder das eine noch das andere kann der Beruf in vielen europäischen Ländern bieten.

Hochschulausbildung für einen Beruf, der auf der gesellschaftlichen Leiter ganz unten rangiert, ist eine sonderbare Idee. Und es stellt sich die Frage: Ist solch eine Ausbildung wirklich notwendig? Helfen Vorlesungen in historischer Erziehungswissenschaft und ein vertieftes Studium der pädagogischen Klassiker dabei, die Qualitätsprobleme des Kindergartenalltags zu lösen? Wir sagen: Nein.

Damit stehen wir wohl nicht ganz allein, denn Erzieherinnen äußern sich folgendermaßen: »Angesichts dieser umfassenden Aktivitäten [der Erzieherinnen], die eigene Qualifikation ›auf dem Laufenden‹ zu halten, fühlen sich die Erzieherinnen auch den zukünftigen Herausforderungen und Anforderungen gewachsen. Die Anhebung der Erzieherinnenausbildung auf Hochschulniveau stößt bei ihnen auf keine allzu große Gegenliebe. Zwar ist nur ein kleiner Teil der Erzieherinnen, nämlich 8 Prozent, bereit, ›auf jeden Fall‹ ein berufsbegleitendes Studium im Bereich ›frühkindliche Bildung‹ zu beginnen, immerhin 48 Prozent würden es sich überlegen, wenn die Bedingungen stimmen, bei den unter 30-Jährigen sind es sogar 62 Prozent. Über die Gründe derer, die eine Hochschulausbildung ablehnen, liefert die Befragung keine konkreten Antworten. Die Anmerkungen der Erzieherinnen deuten jedoch darauf hin, dass sie die Fachschulausbildung insbesondere aufgrund einer gelungenen Verknüpfung von Theorie und Praxis schätzen oder im Umkehrschluss befürchten, eine Hochschulausbildung könne zu theoretisch ausgerichtet sein.«[26]

Kurz: Der Erzieherinnenberuf ist ein Handwerksberuf. Die Fähigkeiten und Fertigkeiten, die eine Erzieherin benötigt, um in ihrem Alltag zu bestehen, unterscheiden sich nur wenig von denen eines Goldschmieds oder Tischlers. Höchstes Geschick und Können erfordert die Begleitung von Kindern im jeweiligen Lebensabschnitt. Fundiertes Fachwissen wird gebraucht, aber mehr noch das in der Praxis erworbene handwerkliche Können im Umgang mit Menschen und ihren Besonderheiten. Das lernt man nicht in Hörsälen, sondern von erfahrenen Kollegen und Praxisausbildern.

Disziplin und die Vermittlung eines Berufsethos sind notwendig, um einen jungen Menschen zu formen. Nur in einem geschützten Rahmen können junge Erzieherinnen Alltagserfahrungen für ihren späteren Beruf sammeln. All das fehlt der Erzieherinnenausbildung im Augenblick. Die Praktikumszeiten werden immer kürzer, und nur selten folgen sie inhaltlich einem Ausbildungsauftrag. Statt sich die Mühe zu machen, junge Leute exzellent auszubilden, freuen sich die Einrichtungen über billige Hilfskräfte. Selbst wenn sie sich bemühen wollten – sie könnten es nicht, denn es fehlt an ausgebildeten Praxisanleiterinnen.

Die Idee der Hochschulausbildung von Erzieherinnen fiel deshalb bei den Verantwortlichen auf so fruchtbaren Boden, weil der Zustand der deutschen Erzieherinnen-Ausbildung seit Jahren beklagt wird.

Man muss sich vor Augen halten: In Deutschland erlassen 16 verschiedene Landesregierungen Vorschriften für die Ausbildung von Erzieherinnen. Es gibt also nicht die eine Ausbildung für den Beruf Erzieherin. Hinzu kommt: Da man bundesweit nicht weiß, was ein guter Kindergarten ist, und da es keine gemeinsamen Standards dafür gibt, kann man nicht genau sagen, welche praktischen Übungen zu einer soliden Ausbildung gehören.

Selbstverständlich werden die Erzieherinnen auch im Rahmen der herkömmlichen Ausbildung in die Praxis geschickt. Es gibt Praxiszeiten oder Praktika. Doch man setzt die jungen Leute dort ein, wo eine Erzieherin krank oder eine Stelle unbesetzt ist. Außerdem ist die Art und Weise der Praxisanleitung nicht geregelt; sie hängt vom Wohlwollen und Verantwortungsbewusstsein der Leiterin des Einsatzortes ab. Ob eine angehende Erzieherin in der Praxiszeit ihrer Ausbildung wirklich etwas für ihr Berufsleben lernt, das ist reine Glückssache.

Dessen ist man sich in den Fachschulen durchaus bewusst. Viele engagierte Kollegien versuchen, dem entgegenzuwirken und vergeben zum Beispiel konkrete Projektaufträge an Schülerinnen, die in der Praxiszeit erfüllt werden müssen. Doch solche Praxisprojekte werden im Kindergarten häufig als »zusätzliche« Aktivitäten behandelt, die mit dem Alltag nur beiläufig zu tun haben: Die Kinder führen ein Theaterstück auf oder gehen ins Museum. Hinterher bedankt das Team sich bei der Erzieherschülerin, die vom Alltag nicht viel mitbekommen hat, für die Bereicherung.

Andere Fachschulen entsenden Lehrkräfte in die Praxisstellen, um mit den Kindergartenleiterinnen und Erzieherinnen in Kontakt zu kommen. Die Lehrkräfte bemühen sich, klarzumachen, dass die Erzieherschülerinnen den Alltag des Kindergartens kennenlernen sollen und dass dies nicht ohne Anleitung funktioniert. Da die Lehrkräfte wie Bittsteller daherkommen, der Alltag im Kindergarten kaum Ressourcen für Zusätzliches offenlässt, bleiben solche Bemühungen meist wirkungslos.

Statt junge Frauen an die Hochschulen zu schicken, muss eine Ausbildungsreform her, die zuerst einmal die Praxisausbildung verändert. Einige grundlegende Anforderungen sind:

- Nur besonders gute Einrichtungen, die über ausreichend Personal und erfahrene Praxisanleiterinnen verfügen, dürfen Erzieherinnen ausbilden.
- Die Praxis-Ausbildung muss einem geregelten Ausbildungsprogramm folgen, praktische Übungen und Prüfungen beinhalten.
- Bevor damit begonnen wird, müssen Ausbilderinnen als solche ausgebildet werden. Erfahrene Erzieherinnen haben dadurch die Chance zu einem beruflichen Aufstieg und beruflichen Veränderungen.
- Die Fachschule muss ihr theoretisches Repertoire überarbeiten. Es ist unbestritten, dass jede Erzieherin fundier-

tes Wissen erwerben muss. Daran sind keine Abstriche zu-
lässig, auch dann nicht, wenn dadurch die Anforderungen
an die Ausbildungszulassung steigen und die Zielgruppe
möglicher Bewerberinnen kleiner wird.

Wenn die Forderung, die Erzieherinnen-Ausbildung in
Deutschland durch eigene Studiengänge an den Universitäten
und Fachhochschulen zu akademisieren, durchgesetzt wird,
bekommen wir in naher Zukunft wahrscheinlich Verhältnisse
wie in Skandinavien. Dort wurden Ausbildungsreformen dieser Art bereits vor Jahren durchgeführt, und nun ist es noch
schwieriger als bereits in Deutschland, Personal zu halten
oder noch zu finden.

Viel-besser-Land Skandinavien?

In Skandinavien sei alles besser, finden viele Fachleute aus
Deutschland, wenn sie an die hiesige Kinderbetreuung denken. Auch im internationalen Rahmen sieht man Schweden als
Vorbild: »UNICEF lobt die Familienpolitik des skandinavischen Landes in höchsten Tönen. In den schwedischen Vor-
schulen werden die Kinder von Lehrern betreut, frühkindliche Bildung ist Lehrfach an Universitäten. Das heißt, dass
die Kleinen langsam und spielerisch an das Lernen gewöhnt
werden. Als einziges Land erfüllt Schweden alle von UNICEF
formulierten Mindestanforderungen für eine gute Kinderbetreuung.«[27]
  Sicherlich hat man in skandinavischen Ländern viele Probleme des Kindergartens gelöst, mit denen wir uns hierzulande noch rumschlagen. Es gibt einheitliche Bildungspläne.

Kinder werden wahrgenommen und geachtet und die Bedürfnisse von Familien stehen im Vordergrund. Doch trotz dieser Vorzüge: Die Bildungssysteme in Skandinavien sind längst nicht optimal und können nicht generell zum Vorbild erhoben werden.

Dennoch sind viele Menschen dem Skandinavien-Mythos verfallen. Er beruht auf vermeintlich besseren Rahmenbedingungen, der besseren Qualität von Betreuungsmodellen und wird in der Regel von Menschen verbreitet, die noch nicht da waren oder nur jene Einrichtungen besuchten, die seit Jahren als vorbildlich gelten. Besonderes Augenmerk finden hierzulande vor allem zwei Faktoren:

Erstens: Man schätzt den hohen Personalschlüssel in den Einrichtungen. In Skandinavien, heißt es, würden viel mehr Personen viel weniger Kinder betreuen. Klar, dass die pädagogische Qualität besser sei und die Belastungen des Personals geringer. Aber Vorsicht: Ein hoher Personalschlüssel garantiert noch keine pädagogische Qualität. Und ein leerer Arbeitsmarkt führt in der Realität dazu, dass die einzige pädagogisch ausgebildete Fachkraft den Kindergarten leitet. Sie reibt sich dabei auf, die Hilfskräfte zu einer halbwegs angemessenen Betreuung der Kinder zu befähigen.

Zweitens: In Deutschland lobt man, dass skandinavische Vorschullehrer eine akademische Ausbildung erhalten. Daran, dass dies – bis vor einiger Zeit – in Deutschland nicht der Fall gewesen sei, macht man vermeintliche Qualitätsunterschiede fest. Offenbar ist in deutschen Bildungskreisen Konsens: Akademikerinnen seien die besseren Erzieherinnen. Deshalb begann man auch hierzulande, Erzieherinnen an Universitäten auszubilden, und geht nun den gleichen Weg, den Länder wie

Schweden vor gut zwanzig Jahren eingeschlagen hatten. Doch warum schaut man nicht nach, wohin dieser Weg in anderen Ländern führte, bevor man sich in die gleiche Richtung aufmacht?

Im März 2009 waren wir in Norwegen und trafen unter anderem Camilla, die Leiterin des Kindergartens »Blaue Apfelsine« in Oslo. Auch sie hat Probleme, qualifizierte Kindergärtnerinnen zu finden.

In ihrer Einrichtung arbeiten vier Vorschullehrerinnen, also ausgebildete pädagogische Fachkräfte für den Kindergarten. Camilla hatte Glück, diese Kräfte binden zu können, musste dafür aber auch tief in die Kindergarten-Kasse greifen. Obwohl das Gesetz verlangt, dass pro Gruppe eine ausgebildete Kraft vorzusehen ist, arbeitet in den meisten Einrichtungen lediglich eine ausgebildete Vorschullehrerin, was eine Sondergenehmigung der Kommune erforderlich macht. Wie prekär die Arbeitsmarktlage ist, erkennt man daran, dass im Jahr 2008 in Norwegen 3484 Sondergenehmigungen erteilt wurden und lediglich 30 Prozent des Personals in den Kindergärten ausgebildet waren.[28] »Dadurch kommt es zu großen Qualitätsunterschieden in den Einrichtungen«, berichtete Camilla. »Allerdings versucht die Regierung, die Qualität zu steuern. Einmal jährlich findet eine Inspektion in jedem Kindergarten statt. Wir halten zwar unsere Einrichtung auf Trab, weil wir einen hohen Anspruch haben. Aber es gibt viele, die das anders sehen und sich den Kopf nicht weiter zerbrechen. Hinzu kommt: Wer Vorschullehrer wird, ist in Norwegen momentan auf der sicheren Seite. Auch wenn der Beruf gesellschaftlich eher wenig Anerkennung findet – man wird gut bezahlt, hat viele Vorteile und kann sich aussuchen, wo man arbeiten möchte. Dass die Qualität der universitären Ausbildung nicht besonders hoch ist, spielt dabei nur eine untergeordnete Rolle. Es hängt maßgeblich von der Uni ab, ob die Vorschullehrer in der Praxis etwas taugen oder nicht.«

Die Leiterin der »Blauen Apfelsine« setzte die Portfolioarbeit in ihrer Einrichtung durch. Zudem hängen Dokumentationen des pädagogischen Alltags aus, die auf die Ziele des Lehrplans verweisen. Das ist vorbildlich, aber in dieser Qualität in Norwegen nahezu die Ausnahme, denn in einigen Regionen des Landes geht man immer noch davon aus, dass Bildungsangebote nicht in den Kindergarten gehören. Schließlich wolle man der Schule nicht vorgreifen. Konsens ist: Es mag Kinder geben, die im Kindergartenalter schon lesen können – besser sei aber, wenn das keiner kann, denn solcherlei »Ungleichheit« findet man in Norwegen ungerecht. So zu sein wie alle, sich nicht grundsätzlich von den anderen Mitgliedern der Gesellschaft zu unterscheiden, das ist das Ziel. Deshalb betreut man im Kindergarten lieber, statt Individualität über Bildungsarbeit zu fördern und damit die Heterogenität in der Kindergruppe zu unterstützen.

Fazit: Wer norwegische Kindergärten besucht, die die Behörden für vorzeigbar halten, verabschiedet sich vom Mythos, dass in Skandinavien alles besser sei, setzt die rosarote Brille ab und beginnt, das »Vorbild« kritisch zu hinterfragen – in Gesprächen mit den unterschiedlichen Akteuren, mit Kommunalvertretern, Kindergarten-Leiterinnen und ihren Teams, mit den Zuständigen für die Ausbildung. Verfolgt man auch den schwedischen Bildungsdiskurs, kommt man der Realität nach und nach auf die Spur: Bei der Gestaltung ihrer Bildungspolitik schlagen sich die skandinavischen Länder mit den gleichen Fragen herum, die man auch andernorts in Europa und in Deutschland bearbeitet:

- Was ist gut für Kinder?
- Welche Ausbildung brauchen Pädagogen für die frühe Kindheit?
- Welche Qualitätsstandards sollten gelten?
- Wie überprüft man sie?

Die Länder setzen unterschiedliche Prioritäten und behandeln die oben aufgeführten Fragen zu unterschiedlichen Zeiten. Was man hierzulande in Skandinavien für vorbildlich hält, wird dort gerade geändert, weil man es als nicht praktikabel erkannt hat. Das heißt: Wer sich stets am Nachbarn orientiert, statt sich auf die eigenen Ziele zu konzentrieren, dreht sich womöglich im Kreis.

Tom Rune, Bildungsexperte in Oslo, erklärte uns: »Das große Problem der norwegischen Kindergärten ist im Augenblick, dass die Regierung mehr auf Quantität setzt als auf Qualität. Sie versprach den Eltern, dass jedes Kind einen Kindergartenplatz bekommt. Das Bildungsministerium wiederum hat Schwierigkeiten festzulegen, was Kindergarten-Qualität ist. Und die Verantwortlichen können sich nicht einigen, ob es Aufgabe der Universitäten ist, Qualität zu definieren, oder Aufgabe der Eltern.« Klingt nicht ganz unbekannt, oder?

Aber zurück nach Deutschland: Wünschenswert ist ein Berufsstand, der über ein ausgeprägtes fachliches Know-how in Theorie und Praxis verfügt, das unter Beweis gestellt werden kann und folglich gesellschaftliches Ansehen erzeugt. Mit diesem Aufstieg muss natürlich eine angemessene Entlohnung verbunden sein. Bekäme der Erzieherinnenberuf diese Chance, müsste sich niemand um geeigneten Berufsnachwuchs sorgen.

Aufruf an alle Erzieherinnen

Damit der Kindergarten nicht zum Kummergarten wird, brauchen Erzieherinnen in unserer Gesellschaft eine Chance. Da niemand etwas für sie tun wird, müssen sie selbst aktiv werden. Sie müssen aufstehen und durchsetzen, dass ihre Arbeitsbedingungen den Anforderungen entsprechend verbessert werden.

Wir fordern alle Erzieherinnen auf:

- Weg mit der falschen Bescheidenheit!
- Schluss mit Selbstverleugnung und Selbstausbeutung!
- Bei aller Liebe: Der Beruf braucht Sachlichkeit, Sachverstand und Fachwissen!
- Augen auf: Konzentrieren Sie sich auf die Kinder, mit klarem Blick auf die realen Verhältnisse.
- Setzen Sie durch, dass man Ihnen Coachings und Fallberatungen als festen Bestandteil der Arbeit zugesteht.
- Sorgen Sie dafür, dass Kommunikations- und Teamtrainings in Ihren Berufsalltag integriert werden.
- Sie haben ein Recht auf für Erwachsene ausgestattete Räume und angemessene Arbeitsbedingungen. Kümmern Sie sich um Ihre Gesundheit!
- Mischen Sie sich in die Debatte um die Ausbildung ein! Sie wissen am besten, was eine Kollegin können muss!

- Hören Sie auf, Gurus hinterherzulaufen! Reflektieren Sie die eigene Praxis und schauen Sie sich bei Ihren Nachbarinnen um. Schlagen Sie vor, dass Träger und Kindergärten zusammenarbeiten, um Ideen auszutauschen, zu diskutieren und Lösungen für Probleme zu finden.
- Fordern Sie, dass man Ihre Vorschläge ernst nimmt!
- Besinnen Sie sich darauf, dass Eltern und Kinder Sie als authentische Fachleute brauchen.

4. Kapitel

Eltern im Kindergarten –
Zwischen Erwartungen und Verlustangst

»Die Eltern, die ihre Kinder zu uns geben, geben uns das Liebste und Teuerste, das sie haben. Dann sitzen sie bei mir im Büro, und manchmal kommen Emotionen hoch. Manche Väter weinen sogar. Man muss sehr feinfühlig sein.«
Erzieherin Gabriele, Berlin

So verschieden die Kinder sind, so unterschiedlich sind die Eltern und so heterogen sind ihre Ansichten über den Kindergarten. Damit konfrontiert, fallen Erzieherinnen zu oft aus der professionellen Rolle und reagieren emotional. Aber auch Mütter und Väter stehen dem Kindergarten nur selten mit der notwendigen Distanz gegenüber. Kein Wunder also, dass sich Eltern und Erzieherinnen oft in einer unreflektierten Mischung aus Lob und Kritik, aus überschwänglicher Liebe und wütendem Hass verlieren. Manchmal benehmen sie sich wie die Kinder – mit dem feinen Unterschied, dass Kinder nach einem heftigen Emotionsanfall schnell wieder friedlich nebeneinander im Buddelkasten sitzen.

Im folgenden Kapitel beschreiben wir, was verschiedene Elterntypen im Kindergarten erleben, vom Kindergarten erwarten und wie sie sich gegenüber Erzieherinnen verhalten.

Die Entweder-oder-Haltung

In uns allen stecken die pädagogischen Ideen und Vorgehensweisen, die unsere Eltern und Großeltern uns vermittelt haben. Wir mögen sie rückblickend befürworten oder ablehnen – dennoch prägen sie uns. 64 Prozent der 30–44-Jährigen sagen heute von sich, sie hätten eine glückliche Kindheit gehabt[29], und möchten ihren Kindern natürlich eine noch bessere Kindheit ermöglichen. Brauchen wir andere Herangehensweisen an die Erziehung der Kleinen als unsere Eltern?

Tradierte, von vorangegangenen Generationen übernommene Vorstellungen und neue pädagogische Ideen, die sich permanent ändern, beeinflussen Eltern, wenn diese sich fragen, wie sie mit ihren Kindern umgehen sollen. Antworten holen sie sich aus der medialen Diskussion um Erziehung und Bildung, aus Gesprächen mit anderen Eltern, aus Ratgebern und Zeitschriften. Auf Zwischentöne treffen sie dabei selten: Gerade in einschlägigen »Erziehungssendungen« gibt es nur »richtig« oder »falsch«, wenn es um den Umgang mit Kindern geht. Zugespitzte Gegensätze, von Fernsehen und Presse produziert, um Interesse und Spannung zu erzeugen, erschweren den gelassenen Umgang vieler Eltern mit der eigenen Haltung – und den eigenen Kindern. Sie glauben, sich grundsätzlich zwischen den ausgemachten Stilrichtungen pädagogischen Handelns – streng und konsequent oder locker und partnerschaftlich – entscheiden zu müssen. Je nachdem, wie gefestigt die übernommenen Werte sind und wie die Kinder auf die elterliche Erziehung reagieren, kommen 180-Grad-Wendungen vor: Wenn lockeres und partnerschaftliches Agieren nicht zum gewünschten Ergebnis führt, dann muss härter durchgegriffen werden.

Besonders problematisch wird es, wenn Eltern ihre pädagogische Präferenz als Erwartung an den Kindergarten herantragen. Erzieherinnen kennen die Diskussionen, die sich mit Eltern um die Frage entspinnen, wie etwas erzieherisch »richtig« zu machen sei: »Zu Hause darf er das aber …« Oder: »Das kann doch wohl nicht sein, dass Sie im Kindergarten so etwas durchgehen lassen. Seit Jahren bemühen wir uns, unserer Tochter das abzugewöhnen …«

Solche Diskussionen sind schon problematisch, wenn es um eigene Kinder geht. Doch häufig bleibt es nicht dabei, sondern man holt zu einem Rundumschlag gegen den Kindergarten aus: »Kein Wunder, dass die Kinder hier nichts lernen!«

Dass Eltern glauben, sich zwischen vermeintlichen Alternativen im pädagogischen Handeln entscheiden zu müssen, entspringt ihrem grundsätzlichen Bedürfnis nach Klarheit und Sicherheit. Sie wollen ihren Kindern helfen, sich später in der großen, vernetzten Welt gut zurechtzufinden, und entwickeln deshalb mitunter paradoxe Vorstellungen: Zwar sind sie stolz, wenn ihre Kinder einen eigenen Kopf haben, selbständig und durchsetzungsfähig sind, sich nicht von jedem etwas sagen lassen – aber nicht, wenn die Kinder sich ihnen gegenüber so verhalten. Erwachsene sind nicht darauf vorbereitet, mit den künftig benötigten Querköpfen und starken Persönlichkeiten umzugehen.

Der Bostoner Psychologe David Elkins befragte Kinder und fand heraus, dass die meisten Stress empfinden; viele sagten sogar, dass sie sich häufig gestresst fühlen. Laut Elkins übertragen Eltern ihre eigenen diffusen Überforderungsängste auf die Kinder. Sie selbst fühlen sich dem Markt, dem Computer, den Medien nicht gewachsen und wollen ihre Kinder fit machen für all diese Dinge. Zumal ein Kind, das am Computer spielt, währenddessen wunderbar ruhig ist und danach keine schmutzigen Klamotten hat.[30]

Die verbreitete Elternhoffnung, Erziehung sei ein Prozess mit einem klar definierten Ergebnis, kann von den Kindern nur enttäuscht werden. Doch statt sich von der falschen Hoffnung zu verabschieden, fallen Eltern von einem Extrem ins nächste.

Und mittendrin: der Kindergarten. Er bekommt die Entweder-oder-Haltung zu spüren, wenn Eltern über Erzieherinnen und die gesamte Einrichtung polarisierend urteilen: Entweder finden sie den Kindergarten toll oder sie nehmen ihn als Notlösung gerade so hin. Zuneigung oder Abneigung sind aber keine geeigneten Parameter, um die Qualität einer Einrichtung zu beurteilen, die einen staatlichen Bildungs- und Betreuungsauftrag hat. Vor allem helfen solche gefühlsorientierten Einschätzungen wenig bei der Suche nach geeigneten Kooperationsformen zwischen Erzieherinnen und Eltern.

Elternzusammenarbeit im Kindergarten fußt auf einer der Sache angemessenen Distanz und Professionalität. Sie muss sich an den faktischen Bedürfnissen der Kinder orientieren und darf sich nicht auf Nebenschauplätzen verlieren. Vor allem aber müssen sich die erwachsenen Beteiligten darauf besinnen, dass sie Vertragspartner sind. So trocken und formal es klingen mag, Tatsache ist, dass der Kindergarten nicht zur Familie gehört und die darin tätigen Erzieherinnen keine Familienmitglieder sind.

Elternzusammenarbeit muss sich am Vertragsgegenstand

ausrichten, nicht an den emotionalen Befindlichkeiten der Beteiligten. Eine Berliner Erzieherin beschreibt das so:

»Lange dachte ich: Meine Kraft reicht für die Kinder, Eltern sind nicht mein Thema. Was die Leute immer alles wollen! Der eine Fruchtzwerge, die andere am liebsten keinen weißen Zucker. Das nervt … Immer noch ist die Arbeit mit den Kindern mein Schwerpunkt, und sie macht mir am meisten Spaß. Aber ich habe gelernt, dass es ohne die Eltern nicht geht. Natürlich habe ich mich auch über Eltern aufgeregt und fand, dass sie unsere Arbeit nicht recht ernst nehmen. Dass sie aus ganz anderen Zusammenhängen in den Kindergarten kommen, ganz andere Dinge im Kopf haben als ich – all das sieht man als Erzieherin nicht immer. Inzwischen bin ich toleranter geworden. Früher war ich eher die Anwältin der Kinder und fand manche Eltern unmöglich. Aber auch das hat sich geändert, seit ich Mutter bin. Eltern sind auch nur Menschen.«

Kompetenzgerangel statt Bildungspartnerschaft

Statt die Entwicklung des Kindes gemeinsam zu begleiten, verstricken sich Eltern und Erzieherinnen häufig in Kompetenzgerangel: Eltern meinen zu wissen, was richtig ist – schließlich sind es ja ihre Kinder. Erzieherinnen beobachten den Umgang der Eltern mit den Kindern und kritisieren hämisch hinter vorgehaltener Hand – schließlich sind sie ja die Fachleute. Und außerdem begleiten sie die Kinder fast den ganzen Tag.

Die Frage, wer besser erziehen kann – Eltern oder Erzieherin – ist fehl am Platze, denn Kinder sind auf beide Seiten angewiesen. Man täte also gut daran, sich von der Vorstellung zu trennen, dass Erzieherinnen während der Zeit der elterlichen Abwesenheit so etwas wie Ersatzeltern für die Kinder sind. Und man täte gut daran, die Arbeit der Erzieherinnen nicht nur am eigenen Maßstab zu messen. Genau dies aber tun viele Eltern, oft unbewusst. Ist eine Erzieherin »nett« und agiert in ähnlicher Weise wie die Eltern, steht sie hoch im Kurs.

Würde die Erzieherin ihr Handeln tatsächlich an solchen Erwartungen ausrichten, müsste sie so viele Rollen gleichzeitig spielen, wie sie Kinder in ihrer Gruppe hat, denn jedes von ihnen hat Eltern.

Allzu häufig übersehen Erzieherinnen, dass Eltern Experten für die eigenen Kinder sind. Sie täten gut daran, zwischen den Erwartungen der Eltern an den Kindergarten und der Kompetenz als Mütter und Väter ihrer Kinder zu unterscheiden. Unerfüllbare Erwartungen von berechtigten zu trennen, Eltern deutlich zu machen, welche Aufgaben der Kindergarten hat und wie man ihnen in der täglichen Arbeit gerecht wird, das ist unabdingbar und Sache der Erzieherinnen, denn von ihnen wird – im Gegensatz zu den Eltern – zu Recht Professionalität erwartet.

Erzieherinnen sind in der Lage, die Entwicklung der Kinder nicht nur zu bestaunen oder sorgend zu verfolgen, sondern Entwicklungsschritte im Kontext zu erklären und zu begleiten. Sie haben – eine gute Ausbildung vorausgesetzt – gelernt, die Besonderheiten der kindlichen Entwicklung in bestimmten Altersphasen zu erkennen und darauf einzugehen. Erzieherinnen sind Experten für die Entwicklungsbegleitung vieler Kinder mit ihren unterschiedlichen Anlagen und Anforderungen.

Eltern fällt es schwer, das Berufsbild der Erzieherin differenziert zu betrachten und ihre Erwartungen oder Anforderungen an den Kindergarten dementsprechend einzuordnen. Das kann man ihnen nicht zum Vorwurf machen, denn kaum eine Profession wird so diffus beschrieben wie der Beruf der Erzieherin. Welche Ziele, Aufgaben und konkreten Tätigkeiten damit verbunden sind, ist in der Öffentlichkeit unklar.

Für Eltern bedeutet das zwangsläufig: orakeln, interpretieren und hoffen, denn wer möchte das eigene Kind einem Menschen anvertrauen, von dem er kaum weiß, was der in seinem Beruf eigentlich tut?

Die Bundesagentur für Arbeit informiert folgendermaßen über das Berufsbild:

»Erzieherinnen betreuen und fördern Kinder und Jugendliche. Sie sind vor allem in der vorschulischen Erziehung, in der Kinder- und Jugendarbeit sowie in der Heimerziehung tätig. Sie arbeiten hauptsächlich in Kinderbetreuungseinrichtungen, zum Beispiel in kommunalen und kirchlichen Kindergärten, Kinderkrippen, Schul- und Betriebskindergärten sowie Horten oder Heimen für Kinder und Jugendliche. Sie sind auch in Erziehungs- oder Jugendwohnheimen, Jugendzentren, Familien- oder Suchtberatungsstellen, Tagesstätten, Wohnheimen für Menschen mit Behinderung oder in ambulanten sozialen Diensten tätig. Weitere Beschäftigungsmöglichkeiten bieten Kinderkliniken, kirchlich-religiöse Einrichtungen der Kinderbetreuung, Grund- und Sonderschulen oder Internate, Jugendorganisationen und Interessenvertretungen sowie Erholungs- und Ferienheime.«[31]

Hilft das weiter? Nein. Information und Transparenz tun also not.

In Deutschland gibt es 383 773 Kindergarten-Erzieherinnen[32], die in unterschiedlichen Einrichtungen arbeiten: So viele pädagogische Auffassungen – so viele verschiedene Kindergärten.

Das beginnt schon bei den Öffnungszeiten. Eltern können sich nicht darauf verlassen, dass der Begriff »Kindergartenplatz« bundesweit gleich definiert wird. Der Begriff »Ganztagsbetreuung«, der dem Berliner Betreuungsgutschein zugrunde liegt, beinhaltet eine neunstündige ununterbrochene Betreuungszeit. In Niedersachsen könnte es sein, dass Eltern ihre Kinder trotz Ganztagsbetreuung mittags zu Hause versorgen müssen.

Alles ist möglich: von drei Stunden vormittags, Mittagessen zu Hause, bis hin zu zwölf Stunden. Was Eltern bekommen, hängt selten von ihren Bedürfnissen, sondern meist von den Gepflogenheiten in der Gemeinde ab. Welchem Bildungsprogramm der Kindergarten folgt, bestimmt das Bundesland. Ob der Kindergarten über ausreichend Fachkräfte verfügt oder auf Aushilfen angewiesen ist, hängt von der Gemeindekasse und den Überzeugungen der regierenden Landespolitiker ab. Ob es sich um eine Reggio-Kita, eine Montessori-Einrichtung oder einen offen arbeitenden Kindergarten handelt, das bestimmt die Leiterin – besser: ihre Vorliebe für das eine oder andere Konzept. Da ist es schwer, sachliche Indikatoren für die Qualität des Kindergartens und seines Teams zu finden. Also bleibt den Eltern nur der Rückzug auf persönliche, oftmals emotional geprägte Einschätzungen.

Elternverhalten – Elterntypen

Wie es nicht *die* Erzieherin gibt, gibt es auch nicht *die* Eltern. Der Sammelbegriff »Eltern« sagt nur, dass es sich um Menschen handelt, die Kinder haben.

Die im Folgenden beschriebenen Elterntypen tragen deshalb lediglich exemplarischen Charakter und sollen zeigen, dass der Umgang mit Eltern keinem stets gleichen Schema folgt und folgen kann. Dennoch bedarf es eines Rahmens, damit die Zusammenarbeit zwischen Eltern und Erzieherinnen im Sinne der Kinder gelingen kann.

In puncto Beziehungsmanagement sollten Erzieherinnen Profis sein oder werden, denn das ist Voraussetzung für die gute Kooperation mit Eltern. Mütter und Väter hingegen können einen großen Beitrag leisten, wenn sie sich hin und wieder an die eigene Nasenspitze fassen und darüber nachdenken, ob ihr Verhalten und ihr Umgang mit den Erzieherinnen angemessen ist – und zwar im Hinblick auf das Ziel, das Eltern und Kindergarten gemeinsam erreichen wollen: Erziehungs- und Bildungspartnerschaft im Interesse der Kinder.

Die Nörgler

Immer mehr Eltern überfordern den Kindergarten durch extreme Erwartungen. Waren Mütter und Väter vor ein, zwei Generationen noch darauf bedacht, den Pädagoginnen in Schule und Kindergarten zuvorkommend zu begegnen, um kein schlechtes Licht auf die Familie fallen zu lassen, fordern Eltern heute Einblick in möglichst alle Angelegenheiten des

Kindergartens. Sie fragen nach, kritisieren und erwarten Mitbestimmung in Detail- und Grundsatzfragen. Treffen sie nicht auf offene Ohren, lassen Unsicherheit und Misstrauen den Kontrollwahn überhandnehmen.

Bekanntlich macht der Ton die Musik. Ist er rau, misstrauisch und vorwurfsvoll, kann nichts Gutes herauskommen.

Eltern, die konstruktive Kritik am Kindergarten mit notorischem Meckern und Motzen verwechseln, schaden ihren Kindern. Selbst wenn die Kinder – was die absolute Ausnahme wäre – vom Nörgeln ihrer Eltern nichts mitbekämen, sind sie dem unerquicklichen Klima ausgesetzt, das zwangsläufig entsteht. Wie sollen Erzieherinnen ihren Job gut machen können, wenn sie sich immer wieder anhören müssen, wie unfähig sie sind?

Der Kindergarten ist keine Rundum-Service-Einrichtung, die Eltern jeden Wunsch erfüllt. Es steht ihnen auch nicht zu, die Arbeit der Erzieherinnen zu kontrollieren, da ist der Staat gefragt. Er sollte Standards festlegen und auf deren Einhaltung achten. Das könnte den Eltern auch Vertrauen geben.

Oft resultiert die Meinung, im Kindergarten laufe »gar nichts«, aus falschen Vorstellungen, die Eltern von dieser Einrichtung haben. So zum Beispiel, wenn Eltern erwarten, dass genau das passiert, was sie selbst tun würden, wenn sie die Zeit dafür hätten. So viele verschiedene Eltern, so viele unterschiedliche Vorstellungen – und selbst der beste Kindergarten kann nicht alle erfüllen oder Eltern nörgeln, weil sie nicht verstehen, dass der Kindergarten Kinder-Alltag ist und keine Event-Einrichtung, in der permanent »aufregende«, »spannende« oder »interessante« Dinge passieren, keine ewige Lernwerkstatt, keine endlose Vorschulstunde voller Bildungsangebote wie vom Fließband. Dass Kinder im Alltag lernen und nicht, weil sie permanent auf einem Karussell besonderer Ereignisse herumsausen, wissen solche Eltern nicht.

Dass Eltern unsicher sind, was sie vom Kindergarten erwarten können, ist kein Wunder, wenn der gesamtgesellschaftliche Konsens im Hinblick auf die Funktion und die Aufgabe des Kindergartens fehlt.[33] Der auf dem Kindergartenmarkt ausgebrochene Konkurrenzkampf um die angeblich innovativsten und erfolgreichsten »Konzepte« trägt seinen Teil zur Verunsicherung bei und weckt darüber hinaus unerfüllbare Erwartungen.

Wird Eltern suggeriert, dass sie einen guten Kindergarten am vollgepackten Wochenprogramm und dem inflationär gebrauchten Begriff »Frühförderung« erkennen können, dann erwarten sie das pralle Wochenprogramm auch vom eigenen Kindergarten. »Aber hilft viel Fördern viel? Eine Menge neuer, privat finanzierter Bildungsanbieter wirbt mit einem optimistisch donnernden Ja! um Kundschaft. Was dabei Geldschneiderei ist und was den Kindern guttut, ist nicht klar zu sagen.«[34]

Wenn Unsicherheiten und persönliche Erwartungen sich zu einem Konglomerat an Forderungen gegenüber der Leiterin und dem Team des Kindergartens verdichten, wächst der Druck und führt nicht selten dazu, dass Erzieherinnen kündigen oder Eltern den Kindergarten wechseln.

Viel sinnvoller wäre es, gegenseitige Erwartungen vorab zu klären:

- Was kann der Kindergarten leisten?
- Was müssen die Eltern leisten?
- Wie sieht der jeweilige Beitrag zur Erziehungs- und Bildungspartnerschaft aus?

Statt dubiosen Trends zu folgen, sollten Eltern sich von Erzieherinnen erklären lassen, welche ihrer Erwartungen schon aus pädagogischen Gründen fragwürdig sind. Nur so haben sie die Chance, die medial verbreiteten und teils gegensätzlichen Vorstellungen von »guter Erziehung« kritisch zu prüfen.

Gelingt es den Erzieherinnen, Eltern fachlich fundiert und verständlich aufzuzeigen, welche Lernchancen der ganz normale Kindergartenalltag bietet und warum das Spielen im Bauraum viel sinnvoller für Kinder ist als die verschulte Matheförderstunde, bieten sie Nörglern kaum Angriffsfläche.

Eltern raten wir, mit notorischen Nörglern im Kindergarten gelassen umzugehen und sich nicht anstecken zu lassen.

Die Esoterischen

Die Bachblüten-Expertise
Stefanie findet, dass der Wortschatz ihres Sohns Tom zu gering sei. Eine befreundete Mutter, die Tom einen Nachmittag lang beaufsichtigte, wies darauf hin, dass der Junge einen S-Fehler habe. Nun ist Stefanie verunsichert, denn in gut einem Jahr kommt Tom in die Schule. Sie besorgt sich Sprachfördermaterialien und übt jeden Abend mit Tom.
Außerdem rät die Freundin, eine Bachblütentherapie mit dem Kind zu beginnen. Das würde die Sprachentwicklung unterstützen. Natürlich müsse auch der Kindergarten schleunigst aktiv werden.
Zum Elterngespräch mit Toms Erzieherin bringt Stefanie verschiedene Bücher und ein Fläschchen mit. Mittags soll Tom immer 10 Tropfen einnehmen, sagt sie.
Anhand der Aufzeichnungen zu Toms Entwicklung erklärt die Erzieherin, dass der Wortschatz des Jungen aus ihrer Sicht

altersgemäß entwickelt sei. Er spreche im Kindergarten viel. Zwar sei auch ihr aufgefallen, dass Tom S-Laute leicht undeutlich artikuliere, doch nach ihrer Erfahrung gebe sich das durch gemeinsames Singen, viele Gespräche, Vorlesen und Erzählen. Es könne aber nichts schaden, im Zweifelsfall bei einem Logopäden vorstellig zu werden.

Stefanie ist damit nicht zufrieden. Sie wünscht, dass die von ihr mitgebrachten Materialien und Tropfen zur Anwendung kommen. Da sie sich belesen hat, wisse sie, wie vorzugehen sei, und der Kindergarten habe sie zu unterstützen. Schließlich gehe es um Tom. Selbst für die anderen Kinder wäre es von Vorteil …

Es gibt Eltern, die die Erziehung ihrer Kinder sehr bewusst zu steuern gedenken. Sie informieren sich, wie das menschliche Gehirn funktioniert, wie Lernprozesse ablaufen. Sie lassen sich von bestimmten pädagogischen Themen bewegen und von der einen oder anderen Methode überzeugen, die sie dann an ihren Kindern ausprobieren. Dagegen ist nichts einzuwenden, solange sie sich der Tatsache bewusst sind: Auch Pädagogik ist vor den Gesetzen des Marktes nicht gefeit, der von einem bunten Sammelsurium konkurrierender Produkte überquillt. Woran man erkennen kann, welches Produkt sinnvoll ist und welches nicht, ist meist unklar.

Eltern sind gut beraten, kritisch zu hinterfragen, welche Interessen mit einem pädagogischen Trend oder einem als pädagogisch wertvoll gepriesenen Produkt verbunden sind. Der Zeitschriftenmarkt für Kinder im Kindergartenalter belegt dies anschaulich: Zahlreiche Kinderzeitungen werben mit billigem Spielzeug, das auf dem Titel klebt, um kindliche Käufer. Das Spielzeug ist nach kurzer Zeit kaputt, die Ausmalbilder landen im Papierkorb. Pädagogisch Wertvolles? Fehlanzeige. Dafür reichlich Konsum-Verlockung primitivster Art.

Subtiler werden pseudo-pädagogische Produkte vermarktet. Pseudo-wissenschaftlich untermauert, erwecken sie den Anschein von Seriosität und machen sich die pädagogische Unsicherheit von Eltern zunutze. Der Ratgeber-Markt zur »Kindererziehung« lässt kein Thema unbehandelt und macht aus Eltern vermeintliche Experten.

Doch Pädagogik ist eine Wissenschaft, und der Erzieherinnenberuf ist ein Handwerk, dessen Beherrschung jahrelange Praxis erfordert. Wer glaubt, sich mittels Ratgeber-Literatur schnell fachliches Know-how aneignen zu können, erliegt einem Irrtum.

Wenn Eltern aufgrund ihrer Lektüre meinen, die Arbeit des Kindergartens optimieren oder gar in Frage stellen zu können, geraten sie in Konflikt und übersehen, dass es sich wirklich lohnt, von der jahrelangen Erfahrung und dem fachlichen Wissen der Erzieherinnen zu profitieren. Genauso lohnt es sich für Erzieherinnen, Eltern als Experten ihrer eigenen Kinder anzuerkennen und einzubeziehen.

Erzieherinnen können Eltern helfen, den kritischen Blick auf pädagogische Ratgeber und Ratgebersendungen zu schulen. Sie können Mütter und Väter in Bezug auf den Umgang mit ihren Kindern stärken und helfen, Vertrauen in die Fähigkeiten der Kinder aufzubauen. Wenn es um das einzelne Kind geht, müssen sie die Gedanken und die Sicht der Eltern sehr wohl ernst nehmen.

Um auf das Beispiel zurückzukommen: Einer esoterisch angehauchten Mutter die Kraft der Bachblüte ausreden zu wollen ist müßig und steht auch keiner Erzieherin zu.

Die Mitteilsamen

Der Anruf

Nach der Abendschau klingelt Melanies Handy. Am anderen Ende meldet sich die Mutter von Laura und sagt, sie sei schon ganz verzweifelt. Laura sei immer noch wach und wolle nicht einschlafen. »Ich kann nicht mehr ...«, seufzt sie und fragt die Erzieherin: »Können Sie mir sagen, was ich machen soll?« Während im Hintergrund deutlich zu hören ist, dass Laura in der Wohnung herumspringt, entspinnt sich ein Gespräch. Lauras Mutter teilt der Erzieherin in allen Einzelheiten mit, welche persönlichen Probleme sie hat und was für Sorgen sie sich deshalb um Lauras Entwicklung im Kindergarten macht. Obwohl Melanie freundlich versucht, das Gespräch zu beenden, kommt die Mutter von einem Thema aufs andere: Lauras Entwicklung im Kindergarten, der neue Buddelkasten, die Elterndiskussionsrunde vor der Tür ... Als Melanie das Gespräch nach fast zwei Stunden beendet, nimmt sie sich vor, nie wieder nach Feierabend ans Handy zu gehen.

Eltern haben ein Recht darauf zu erfahren, welche Fortschritte ihre Kinder in der Einrichtung machen, wie sie sich entwickeln. Und sie haben auch ein Recht darauf, dies nicht nur beiläufig vermittelt zu bekommen. Es ist die Pflicht der Erzieherinnen, Entwicklungsschritte und Lernfortschritte der Kinder individuell zu dokumentieren und darüber Auskunft zu geben.

Aber was ist ein Fortschritt? Und wie oft ist es angebracht, über den Entwicklungsstand eines Kindes mit seinen Eltern zu sprechen?

Einige Mütter und Väter denken, dies sei täglich angebracht oder zumindest immer dann, wenn sie es für nötig halten. Sie vergessen, dass eine Erzieherin solche Gespräche mit vielen Eltern führt und schon allein zeitlich nicht in der Lage ist, jeder Familie jede Woche ein ausführliches Feedback zu geben. Wie soll sie sich um die Kinder kümmern, wenn sie von Eltern auf dem Flur permanent in nicht enden wollende Gespräche verstrickt wird?

Tatsächlich ist es keine Seltenheit, dass Erzieherinnen und Leiterinnen selbst nachts von Eltern angerufen werden. Die Bandbreite der Themen elterlicher »Spätbetreuung« ist groß: Sei es, dass vergessen wurde, das Kind für den nächsten Tag abzumelden oder mitzuteilen, dass eine Hose verschwunden ist. Sei es das Informationsbedürfnis über ein Vorkommnis im Kindergarten.

Natürlich müssen Erzieherinnen zuerst selbst dafür sorgen, sich genügend abzugrenzen. Doch den deutlichen Hinweis, dass der Besitz eines Kindergartengutscheins nicht zur Vereinnahmung der Erzieherin berechtigt, müssen Eltern an dieser Stelle zur Kenntnis nehmen. Erzieherinnen und Leiterinnen haben einen anstrengenden Arbeitstag und – wenn er endet – ein Recht auf Freizeit.

Die Materialisten

Man plant die Anschaffung eines teuren Autos. Man plant den Eigenheimbau, und wer es ganz genau nimmt, plant auch das halbjährliche Abendessen mit den Nachbarn. Es gibt kaum noch junge Menschen, die das Elternsein nicht in der einen oder anderen Weise planvoll angehen: Erst soll das Studium fertig sein, dann will man im Beruf nicht gleich wieder pausieren. Geld muss da sein, eine geeignete Wohnung, Sicherheiten. Wer sich heutzutage für oder gegen ein Kind entscheidet, wägt dies im Hinblick auf den eigenen Lebensplan ab. Nicht von ungefähr werden Menschen in Deutschland immer älter, bevor sie ihr erstes Kind bekommen. Gäbe es keine Menschen aus anderen Nationen und Kulturkreisen, die das etwas lockerer sehen, könnte man meinen, das Schicksal der Menschheit hänge vom individuellen Streben nach Glück und der Frage ab, ob Kinder zu diesem Glück gehören oder eher hinderlich sind.

Der Materialist ist ein Elterntyp, der das eigene Kind als Verwirklichung eines Wunschs betrachtet: Endlich, das habe ich mir hart erarbeitet! Doch Kinder sind keine Produkte, die Eltern glücklich und zufrieden machen sollen. Man kann sie nicht anschaffen und wieder abschaffen. Und man kann sie auch nicht von anderen modellieren lassen, wenn sie nicht so aussehen und funktionieren, wie man sich das vorgestellt hatte.

Vom Kindergarten ihrer Wahl erwarten die Materialisten: Er soll seinen Teil dazu beitragen, dass es ihnen mit ihren Kindern gutgeht. Dazu gehört, dass man beim Sonntags-Brunch in aller Öffentlichkeit erzählen kann: Sohnemann ist im Kindergarten die Lösung des Fermat'schen Theorems gelungen! Nur besondere Kindergärten, die sich nicht jedermann leisten kann, sind schick. Schick sind auch nur Kinder, die ihren Altersgenossen weit überlegen sind. Für ein anstrengendes Kind, das seine Bedürfnisse lautstark einfordert, ist in der Welt der Materialisten wenig Platz.

Die Zufriedenen

Sicher gibt es sie – und sie sind sogar in der Überzahl: Eltern, die mit dem Kindergarten ihrer Kinder grundsätzlich zufrieden sind. Nur leider hört man das selten von ihnen. Weil sie zufrieden sind, sehen sie gar keinen Anlass, sich zu äußern. Mit einem freundlichen Nicken in Richtung Erzieherin schnappen sie ihre Kinder und verschwinden.

Auf den Kindergarten angesprochen, äußern sie sich positiv, aber knapp. Doch selbst in Stresssituationen bleiben sie dem Kindergarten und den Erzieherinnen gewogen – vorausgesetzt, ihre Kinder fühlen sich in der Einrichtung wohl. Offenbar haben sie die Fähigkeit, an den Kindern abzulesen, ob die Erzieherinnen gut arbeiten oder nicht, obwohl sie nicht konkret benennen können, was sie unter guter pädagogischer Arbeit im Kindergarten verstehen.

Zufriedene Eltern tun dem Kindergarten gut. Sie relativieren die Äußerungen der anderen Elterntypen. Doch profitiert der Kindergarten von ihnen? Tragen sie dazu bei, dass das gesellschaftliche Ansehen des Erzieherinnenberufs steigt? Und klärt sich so das allgemeine Durcheinander um die Ziele, Aufgaben und Funktionen, die der Kindergarten in unserer Gesellschaft erfüllen soll?

Ganz klar: Nein. Auch wenn es nicht die primäre Aufgabe der Eltern ist, das Ansehen des Kindergartens zu verbessern, könnten sie doch eine ganze Menge dafür tun. Zum Beispiel ihre Zufriedenheit laut und deutlich artikulieren.

Jedes Team freut sich über zufriedene Eltern, die freundlich nicken, wenn sie ihre Kinder abholen. Nicht zuletzt, weil es leichter fällt, mit solchen Eltern zusammenzuarbeiten.

Die Wortführer

In einer Demokratie soll jeder Mensch ein Mitspracherecht haben. Doch wie weit dürfen Eltern gehen, wenn sie versuchen, ihre Interessen nach guter demokratischer Manier im Kindergarten durchzusetzen?

Demokratie ist die Diktatur der Mehrheit über die Minderheit. Das haben die Wortführer gut verstanden und versuchen, möglichst viele Eltern in die Auseinandersetzung über eine verlorene Hose oder einen ausgefallenen Ausflug einzubeziehen. Gelingt ihnen das, erfahren sie das erhebende Gefühl von Macht. Also werden Kleinigkeiten zu Problemen aufgeblasen und Elternscharen für die Mutti-und-Vati-Guerilla rekrutiert. Am Stammtisch in der Lieblingskneipe wird lauthals darüber diskutiert, dass die von der Leiterin ausgewählten blauen Zahnputzbecher untragbar sind. Mit leuchtenden Augen werden Überrumpelungsstrategien entworfen, die der Einführung »geschlechtsneutraler gelber Zahnputzbecher« dienen sollen.[35]

Wenn Eltern das Team oder die Leiterin als politische Gegner missverstehen, beschädigen sie den Kindergarten und schaden ihren Kindern. Mütter und Väter, die in den anderen Eltern ihre Lobby sehen und sie mobilisieren, müssen wissen, dass solch ein Vorgehen scheitern wird.

Demokratie jetzt!
Karin platzt der Kragen! Schon wieder ist ihre dreijährige Annabell hungrig nach Hause gekommen. Ein kritischer Blick auf den Speiseplan des Kindergartens bestätigt ihre schlimmsten Befürchtungen: »Die ganze Woche dieser vegetarische Brei!

Nur am Mittwoch gab es Hühnerfrikassee. Wie soll ein Kind da
satt werden und wachsen?«
In der Garderobe spricht Karin andere Eltern an. Einige Mütter
steigen sofort ein: Auch ihnen gefällt der Speiseplan des Kindergartens nicht.
Am nächsten Tag stehen Karin und ihre Mitstreiterinnen mit
einem Schreiben vor dem Eingang des Kindergartens. Sie fordern die anderen Eltern auf, die Klage gegen den Speiseplan
zu unterschreiben.

Ähnliche Mobilisierungsversuche sind den meisten Erzieherinnen und Eltern schon einmal begegnet. Je nachdem, zu
welchem Elterntyp Mütter und Väter gehören, lassen sie sich
mobilisieren oder nicht. Das hängt auch davon ab, ob sie einen
Konflikt mit dem Kindergarten, einer Erzieherin oder anderen
Eltern haben.

Die Erfahrung zeigt, dass sich nie alle Eltern verleiten lassen, sich an Unterschriftenaktionen zu beteiligen. Damit sind
sie gut beraten, denn die Institution Kindergarten ist weder
ein geeigneter Ort für Meinungsmache noch ein basisdemo-
kratisches Gremium, in dem Abstimmungen über die Zukunft entscheiden. Werden persönliche Interessen – seien
sie berechtigt oder nicht – durchgesetzt, indem jemand sein
Anliegen in ein Anliegen der Mehrheit verwandelt, läuft
grundsätzlich etwas schief.

Es ist müßig, die Motivationen einzelner Eltern zu hinterfragen, warum sie sich zu Wortführern im Kindergarten
aufschwingen. Fakt ist, dass die in den meisten Kindergartengesetzen verankerten Mitspracherechte der Eltern von Menschen wie Karin missbraucht werden.

Dabei wäre es so einfach: Karin könnte mit der Erzieherin über Annabells Essverhalten sprechen. Die Elterngruppe in der Lieblingskneipe könnte darauf kommen, dass die Frage der Zahnputzbecherfarbe durchaus in der Entscheidungshoheit der Leiterin des Kindergartens liegt. Würden Karin und die Eltern mit den Erzieherinnen sprechen, ließen sich die Dinge klären, Hintergründe für Entscheidungen erläutern und Einsichten vermitteln.

Eltern im Spannungsfeld Kindergarten

Erwartungen

Anfrage in einem Internetforum aus dem Jahr 2009[36]:
Was für Erwartungen haben Eltern an die Erzieherinnen im Kindergarten?
Beste Antwort, ausgewählt durch Abstimmung:
Ein guter Erzieher ist immer in der Lage, Kinder altersgerecht und geduldig zu schulen. Die Hauptaufgabe eines Erziehers ist es, dem einzelnen Kind innerhalb der Gruppe etwas für das Leben zu vermitteln. Ebenso wichtig ist es, dass ein Erzieher sich seiner Verantwortung dem einzelnen Kind gegenüber in jedem Moment bewusst ist und nach guten pädagogischen Grundsätzen handelt, um die Entwicklung der ihm anvertrauten Kinder zu fördern und anzuregen. Dazu gehören die Vermittlung der grundlegenden sozialen Kompetenzen, also das Miteinander, das Erlernen von Recht und Unrecht, das Beurteilen von bestimmten Situationen und die allgemein bekannten »Manieren«. Außerdem sollte ein Erzieher dazu fähig sein, Vorschulkinder auf ihre Schullaufbahn vorzubereiten. Frühzeitiges Erkennen von Entwicklungsstopps gehört beispielsweise dazu. Darüber hinaus muss ein Erzieher die Eltern dabei

unterstützen, ein individuelles Erziehungskonzept zu erarbeiten, um die besten Chancen für jedes Kind zu bieten.

Was macht eine Erzieherin den ganzen Tag? Welche Aufgaben muss sie in ihrem Arbeitsalltag erledigen? Gibt es Anforderungen und Aufgaben, deren Erfüllung überprüft und eingefordert werden kann? Was können Eltern erwarten, wenn sie ihre Kinder einer Erzieherin übergeben?

Diese Fragen klingen, als gäbe es einfache Antworten. Schließlich können ein Feuerwehrmann, ein Arzt und eine Verkäuferin auch kurz und knapp erklären, was man von ihnen erwarten kann. Und die Erzieherin?

Was man von ihr erwarten kann, scheint hierzulande niemand genau zu wissen, geschweige denn ausdrücken zu können. Wie sonst kommt es zu der oben zitierten Anfrage in einem Internetforum? Meist erhält man auf die Frage eine Antwort, die eine Mischung aus Allgemeinplätzen und überzogenen Ansprüchen ist.

Dabei lassen sich ganz konkrete Punkte benennen:

Vom Kindergarten können Eltern erwarten,

- dass er den gesetzlichen Bildungsauftrag erfüllt;
- dass die Erzieherinnen darlegen können, wie sie dies tun;
- dass Transparenz im Hinblick auf die Methoden und Instrumente der pädagogischen Arbeit herrscht;
- dass Eltern Einblicke in den pädagogischen Alltag erhalten, zum Beispiel bei Elternhospitationen, in pädagogischen Dokumentationen und Entwicklungsgesprächen;
- dass die Kinder entsprechend ihrer individuellen Voraussetzungen gefördert werden;

- dass die individuelle Entwicklung und die Lernfort-schritte der Kinder auf eine für Mütter und Väter transparente Weise dokumentiert werden;
- dass die Kinder sich wohlfühlen;
- dass die Erzieherinnen Sicherheit vermitteln.

Im Gegenzug können die Erzieherinnen von Eltern erwarten,

- dass sie nicht nörgeln, sondern als kritische Partner benennen, was der Kindergarten besser machen kann;
- dass sie akzeptieren: Der Kindergarten ist für viele Kinder da und kann seine Methoden den besonderen Wünschen einer einzelnen Familie in der Regel nicht anpassen;
- dass sie den Feierabend der Erzieherinnen respektieren;
- dass sie den Kindergarten als Teil der sozialen Struktur des Umfelds verstehen und ihn nicht als Statussymbol missbrauchen;
- dass sie ihre Zufriedenheit mit dem Kindergarten klar und vernehmlich äußern;
- dass sie auf Guerilla-Aktionen verzichten und stattdessen mit den Erzieherinnen nach Lösungen im Interesse der Kinder suchen.

Die Sorge um das mutterlose Kind

Wie geht es dir, wenn ich nicht da bin?
Der Kindergarten »Wühlmäuse« liegt in der Nähe einer Wohnsiedlung. Die langen Fahrwege der Eltern zum Arbeitsplatz und zurück erklären die langen Anwesenheitszeiten der Kinder. Natürlich merkten die Erzieherinnen, dass es Kindern und

Eltern damit nicht gutgeht. Deshalb riefen sie das Projekt »Wie geht es dir, wenn ich nicht da bin?« ins Leben.

In diesem Projekt erklären Eltern den Kindern, womit sie ihren Tag verbringen. Die Eltern – ob Polizist, Krankenschwester oder Blumenverkäufer – werden in den Kindergarten eingeladen, um den Kindern aus ihrem Arbeitsalltag zu berichten. Zu jedem Elternvortrag wird eine bunt bebilderte Dokumentation angefertigt. Schließlich werden die Dokumentationen zu einem Buch verbunden. Dieses Buch können die Kinder nun jeden Tag ansehen und dabei an ihre Eltern denken.

Das schlechte Gewissen mancher Eltern, ihre Kinder in fremde Hände zu geben, führt zu Unsicherheit im Auftreten gegenüber dem Kindergarten.

Manchmal reichen bereits kleine Unstimmigkeiten, um elterliche Schutzinstinkte zu wecken: »Ich muss etwas tun! Bestimmt leidet mein Kind! Ich bin mitschuldig, wenn ich nichts unternehme ...«

Werden Eltern von solchen Gedanken umgetrieben, sollten sie sich an die Leiterin oder die Erzieherin ihrer Kinder wenden und offen über ihre Gefühle sprechen. Im Zusammenspiel von Kindergarten und Elternhaus ist alles erlaubt und angemessen, was die Zusammenarbeit fördert oder das gegenseitige Vertrauen stärkt. Und: Die Idee des Kindergartens »Wühlmäuse« lässt sich – in vielen Variationen – sicherlich auf andere Einrichtungen übertragen.

Elternberatung

Die Ratgeber-Literatur zur Kindererziehung füllt in Buchläden ganze Regale, doch das Wissen von Eltern nimmt ab. Woran das liegt, darüber lässt sich nur spekulieren. Vielleicht hat es mit der Auflösung klassischer Familienstrukturen zu tun. Früher lebte man in Großfamilien, und die Mütter gaben ihre Erfahrungen und ihr Wissen über Kinderpflege und -erziehung weiter. Heute sind selbst Großmütter noch voll berufstätig, wohnen weit entfernt oder verzehren ihre Pension in südlichen Gefilden. Wer erklärt heutigen Müttern, welche Krankheitssymptome bei Kindern normal sind und wann es gefährlich wird? Wer verrät die Hausmittel, die selbst Nachteulen zum Einschlafen bringen? Wer holt den Spaten aus dem Schuppen, um mit dem tobenden Vierjährigen das Böckchen im Garten zu vergraben?

Die Rolle, die Großeltern früher hatten, übernimmt heute der Kindergarten samt seiner Erzieherinnen. Das ist auch gut so, denn im Umfeld vieler Eltern gibt es sonst niemanden, der so viel Erfahrung im Umgang mit Kindern hat wie Erzieherinnen. Schön wäre es, wenn wir behaupten könnten: Der Kindergarten ist für Mütter und Väter eine bildende und beratende Institution. Doch bis dahin ist es noch ein weiter Weg ...

Viele Fragen bewegen Eltern. Antworten könnten im Kindergarten auf vertraute und persönliche Art und Weise gegeben werden. Doch zu oft hält man am herkömmlichen Elternabend fest, der lediglich einberufen wird, um Elternvertreter zu wählen und die Gartenaktion zu planen. Sinnvoller wäre es, wenn Erzieherinnen an solchen Abenden Vorträge hielten, die wichtige Fragen behandeln.

In vielen Kindergärten sind die Flure mit Tierbildern aus der Apotheken-Zeitschrift gepflastert. Sinnvoller wäre es, die Fotos durch Aushänge zu ersetzen, auf denen Eltern Informationen über typische kindliche Verhaltensweisen und die kindliche Entwicklung bekommen.

Das Kindergartenkonzept – eine Orientierung für Eltern

Es ist eine Sache, einem interessanten Elternabend zu folgen oder durch den freundlich und anregend wirkenden Kindergarten geführt zu werden. Eine andere Sache ist es, nachvollziehbar vermittelt zu bekommen, nach welchem Konzept der Kindergarten arbeitet, welche Methoden und Instrumente die Erzieherinnen bei der Begleitung und Entwicklungsförderung der Kinder anwenden.

In Kindergartenkonzepten zu lesende Versprechen haben manchmal nicht viel mit den tatsächlichen Lernerfolgen der Kinder zu tun. Merken Eltern das, betreiben sie Konzept-Hopping und wechseln den Kindergarten.

Was kann man Müttern und Vätern raten, die auf der Suche nach einem für ihr Kind geeigneten Kindergarten sind und wissen wollen, was sie dort erwarten können? Wir empfehlen, das Kindergartenkonzept genau zu lesen und es sich erläutern zu lassen. Dabei lässt sich nicht nur etwas über die Werthaltung und die Ansichten des Teams, über Altersgruppen, Tagesablauf und Öffnungszeiten in Erfahrung bringen. Aufmerksame Eltern erkennen an der Gestaltung des Konzepts, welche Fähigkeiten das Personal im Umgang mit dem Computer – einschließlich Rechtschreibprogramm – und mit dem Fotoapparat besitzt. Danksagungen verraten etwas über die Vernetzung des Kindergartens mit dem Umfeld.

Darüber hinaus finden Eltern Hinweise darauf, was sie vom Kindergarten und den Erzieherinnen erwarten können. In der Regel wird benannt, auf welche Bereiche und Handlungen sich das bezieht, was mit »etwas fürs Leben vermitteln« gemeint ist, ob die Erzieherinnen sich mit dem Herausfinden von »Entwicklungsstopps« aufhalten oder eher die Potenziale der Kinder erkennen und fördern möchten. Besondere inhaltliche Ausrichtungen – zum Beispiel eine Musikbetonung, ein künstlerischer Schwerpunkt oder Mehrsprachigkeit – werden ebenfalls aufgeführt.

Sagt Eltern ein Konzept zu, sollten sie nachfragen, mit welchen Methoden und Vorgehensweisen das Team die beschriebenen Vorhaben erreichen will, wie dies für jedes einzelne Kind dokumentiert und den Eltern zur Kenntnis gebracht wird.

Konzepte, die von Fremdwörtern wimmeln oder sich auf utopisch anmutende pädagogische Positionen beziehen, sollten zumindest Skepsis auslösen.

Aufruf an die Eltern

Absurde Diskussionen über den »Eltern-Führerschein« geistern durch die Medien. Kein Wunder, denn das Image der Eltern ist angeschlagen, und die Bandbreite der Vorwürfe – von Verwahrlosung bis Überbehütung, von Unter- bis Überforderung – ist groß. Ob Lehrer oder Erzieherin, ob Supernanny, Sozialarbeiter oder Polizist, alle kennen negative Eltern-Beispiele. Positives hört man selten.

Wie Erzieherinnen sind Eltern deutlich besser als ihr Ruf. Entgegen der in den Medien verbreiteten Darstellungen wachsen viele Kinder in funktionierenden Familien auf. Die meisten Eltern wissen ganz genau, was für ihre Kinder gut ist, und kommen selbst mit den schwierigsten Teenagern klar.

Trotzdem fordern wir Mütter und Väter auf, im Umgang mit ihren Kindern folgende Punkte zu beachten:

- Bleiben Sie gelassen. Glauben Sie fest daran, dass Ihre Kinder in Ordnung sind.
- Vertrauen Sie auf die kindliche Entwicklung. Denn: Das Gras wächst nicht schneller, wenn man daran zieht.[37]
- Gestalten Sie Ihr Leben so, dass Ihre Kinder nicht für Ihre Erfolge herhalten müssen.
- Misstrauen Sie allen Konzepten und Angeboten, die schnelle Erfolge versprechen. Gehen Sie Scharlatanen nicht ins Netz. Denn: In der Entwicklung von Kindern sind keine Wunder zu erwarten.
- Behalten Sie einen klaren Blick, wenn es um die Zukunft Ihrer Kinder geht. Denn: Lieber ein glücklicher Automechaniker als ein unglücklicher Akademiker.
- Kümmern Sie sich um sich selbst, opfern Sie sich nicht für die Kinder auf. Denn: Früher oder später ziehen die Kinder ihrer Wege.
- Weniger ist mehr. Der Kindergarten um die Ecke passt vielleicht besser zu Ihnen und Ihren Kindern als die gehypte Privatkita am anderen Ende der Stadt. Denn: Wer immer im Auto chauffiert wird, kennt zwar den Stau, kann aber die Jahreszeiten kaum auseinanderhalten.

- Es ist nicht notwendig, dass Sie alles über Kinder wissen. Wenn Sie sich für Pädagogik interessieren: Achten Sie darauf, dass Sie sich sachlich fundiertes Wissen verschaffen.
- Gehen Sie davon aus: Die Erzieherinnen stehen auf Ihrer Seite und sorgen mit Ihnen dafür, dass Ihre Kinder sich gut entwickeln.
- Legen Sie sich nicht auf einen Erziehungsstil oder eine pädagogische Strömung fest. Achten Sie vielmehr darauf, was Ihren Kindern gegenüber angemessen ist.
- Gehen Sie mit dem Kindergarten eine Erziehungspartnerschaft ein. Klären Sie, welche Rolle Ihnen in dieser Partnerschaft zukommt.

5. Kapitel

Die Sinnkrise der Pädagogik
und das Versagen der Politik

»Kinderlärm muss in Berlin künftig geduldet werden. Mit einer heute
in Kraft tretenden Änderung des Landes-Immissionsschutzgesetzes
sollen von Kindern verursachte Geräusche in Zukunft auch juristisch
als sozial adäquat und damit zumutbar beurteilt werden.«
Katrin Lompscher, Senatorin für Gesundheit, Umwelt und Verbrau-
cherschutz in Berlin

Berlin ist das erste Bundesland, das »eine Privilegierung von
Geräuschen, die von Kindern ausgehen«[38], in das Landesrecht
aufnimmt. Immerhin hat man in der Hauptstadt begriffen,
dass Kinder zur Gesellschaft gehören. Dennoch sind Kinder-
gartenschließungen aufgrund von Beschwerden aus der
Nachbarschaft deutschlandweit an der Tagesordnung. Der
Lärm, den Kinder – in Politikerreden gern als Zukunft der Gesellschaft bezeichnet – verursachen, wird als störend empfun-
den und entsprechend gesetzlich geahndet.

Dies als auch die Berliner Gesetzgebung zeigen, was für
ein schwieriges, vielgestaltiges Bild unsere Gesellschaft von
Kindern hat: Kinder sind Störenfriede, Zukunftsträger, faszi-
nierende Selbstlerner, Prestigeobjekte, weise Forscher, Dreck-
spatzen oder Nervensägen – je nachdem, welche Assoziation
das Wort auslöst. Das hat Folgen.

Die Sinnkrise der Pädagogik gründet darauf, dass Erziehung und Bildung von Kindern durch Anleiten und Führen,
wie die Begriffsdefinition[39] nahelegt, nicht mehr explizit be-

schreibbar sind, denn es gibt keine einheitliche Vorstellung vom Kind. Deshalb kann es auch keine konkreten Vorstellungen davon geben, wie man bildet und erzieht. »Die Geschichte von Erziehung und Bildung lässt sich als eine Reihe kontinuierlicher Versuche begreifen, Kinder, Jugendliche und Erwachsene zu vervollkommnen. Die dazu vorgeschlagenen und verwendeten Methoden sind in Abhängigkeit von den zugrundeliegenden Menschenbildern unterschiedlich.«[40]

Die Bildungspolitik ist zu wenig auf die Anforderungen der Zukunft vorbereitet. Das hat sie erkannt und versucht, sich zu helfen, indem sie die Bildung hervorhebt. Doch die Vorbereitung auf die Zukunft ist eine gesamtgesellschaftliche Aufgabe und allein über die Fokussierung auf Bildungsprozesse nicht zu bewältigen.

Langfristige politische Einigungen kommen deshalb nicht zustande, weil ein einheitliches und auf die Zukunft gerichtetes Menschenbild fehlt. Die Leitbegriffe der Debatten taugen höchstens für die Dauer einer Legislaturperiode.

Im Namen der »Kinder« wird in Deutschland gesprochen, um unterschiedlichste Interessen zu verfolgen. Darin sehen wir den Hauptgrund dafür, warum sich in der frühkindlichen Bildung in Deutschland wenig bewegt. Dass dem Kindergarten in Gesellschaft und Politik keine ernsthafte Bedeutung zugemessen wird, passt dazu. Zwar werden schwungvolle Reden gehalten, aber verlässliche Resultate bleiben aus, und jede Regierung schlägt einen anderen Weg in der Bildungspolitik ein. Die große Koalition mit Frau von der Leyen als Familienministerin wollte Krippen und Kindergärten schaffen. Die jetzige Regierung wartet erst einmal ab, ob sich diese Investitionen überhaupt lohnen.

Es bleibt also beim Kindergartenplatz-Mangel und dort, wo es halbwegs ausreichend Einrichtungen gibt, lässt die Qualität zu wünschen übrig. Die Gründe dafür liegen auf der Hand: Die wenigsten Kindergärten sind zu hundert Prozent finanziert. Die in den Bundesländern vorgegebenen Personalschlüssel gestatten nur auf den ersten Blick eine verantwortbare Erzieher-Kind-Relation. Auf den zweiten Blick wird deutlich: Geht man davon aus, dass im Durchschnitt circa zehn Kinder auf eine Vollzeitstelle kommen und dass dies im Personalschlüssel so beschrieben ist, könnten alle zufrieden sein. Die Realität aber ist: Von fünf Erzieherinnen ist immer eine krank und eine im Urlaub oder zur Fortbildung. Es bleiben also effektiv nur drei Erzieherinnen pro 50 Kinder. Macht man sich klar, dass die Stelle der Kindergartenleiterin in diesem Schlüssel enthalten ist, dann arbeiten – je nach Verwaltungs- und Leitungsaufwand – nur noch zwei Erzieherinnen mit 50 Kindern.

Selbstverständlich ist dies ein verallgemeinertes Beispiel. In jedem Bundesland gibt es Differenzierungen. Trotzdem bleibt unterm Strich: Der Personalschlüssel ist eine Mogelpackung.

Und nicht nur da wird geschummelt: Die letzte Regierung versprach Krippenplätze und setzte stattdessen Tagesmütter ein. Alle reden darüber, dass der Kindergarten verbessert werden soll, aber geht ein Träger dies konkret an, wird er von den Ämtern behindert, wie wir im folgenden Kapitel beschreiben. Kein Wunder, dass Eltern nachhaltig irritiert sind und auf Elterninitiativen oder Betriebskindergärten setzen. Staatlich organisierte Betreuung scheint kaum noch eine zumutbare Alternative zu sein.

Gewinnorientierte Bildungsunternehmen haben diese Lücke erkannt und verkaufen den Eltern jedes Heilmittel. Unter den vermeintlichen Arzneien finden sich Kuriositäten wie Internet-Krippen, in denen bereits Zweijährige im Netz surfen, oder Managementtrainings für Kleinkinder. Eltern greifen zu, obwohl sie ahnen, dass solche Angebote nicht wirklich sinnvoll sind. Da Alternativen fehlen und die Hoffnung zuletzt stirbt, geben sie viel Geld für wenig Förderliches aus, zum Beispiel jährlich 1,5 Milliarden Euro für Nachhilfe.[41]

Bildung ist alles?

Der Schulabbrecher Max
Max fiel schon im Kindergarten auf. Alles nahm er auseinander, schraubte, hämmerte und wollte wissen, was in den Dingen steckt. In der Schule fiel es ihm schwer, den Ausführungen der Lehrer zu folgen. Doch wenn er mit seinen Händen etwas schaffen konnte, lief er zur Hochform auf. Er konstruierte, machte Erfindungen, musste aber lernen, dass man dafür keine guten Noten bekommt.
Als er 15 Jahre alt war, hatte Max die Nase voll, brach die Schule ab und kümmerte sich selbst um seine Computer-Kompetenzen. Mit 17 war er selbständiger Unternehmer. Heute, mit Ende 20, ist er Entwicklungsleiter in einem weltweit agierenden Computer-Konzern.[42]

Solche Geschichten klingen wie Hollywood-Märchen, sind aber weltweit Realität. Anderswo müssen Menschen kreativ sein, um ihr Auskommen zu sichern. Bei uns scheint das unnötig zu sein, denn kaum ein Land der Welt ist so reich wie

Deutschland. Bei uns hat ein mit Ach und Krach erworbener Schulabschluss mehr Wert als die Fähigkeit, das eigene Leben aktiv zu gestalten. Bei uns behauptet man, dass es unmöglich sei, seinen Lebensunterhalt ohne Abschlüsse erfolgreich zu sichern. Dieser Irrglaube sorgt dafür, dass Deutschland so vehement am althergebrachten Bildungssystem festhält und dass keine Bemühung um Veränderung wirklich Früchte trägt. Man setzt auf Schulabschlüsse, nicht auf tatsächlich vorhandene Fähigkeiten.

Die Ansicht, dass das Einzige, was Eltern ihren Kindern mitgeben können, Bildung bzw. eine gute Ausbildung ist, stimmt nicht. Eltern können viel mehr mitgeben. Die Reduktion der Kindheit auf Bildung gehört in den Armutsbericht der Vereinten Nationen, sie schürt die Ängste der Eltern. Und wer Angst hat, verliert den Blick für die vielfältigen Möglichkeiten, die das Leben in Wirklichkeit bietet.

Anstatt zu sortieren und sogenannte Bildungseliten zu schaffen, sollte das Ziel der Schule sein, neugierig zu machen, auf ein lebenslanges Lernen vorzubereiten, denn »aus Bildungsabschlüssen werden Bildungsanschlüsse, die zu lebenslangem Weiterlernen befähigen. In diesem Kontext wird Hochbildung radikal entakademisiert: ›Hochgebildet‹ ist nun nicht jemand mit drei Professorentiteln, sondern jemand mit einem hohen Potenzial von Um-, Weiter- und Wiederlernen. Lernen ist Vorfreude auf sich selbst.«[43]

Viele Menschen hierzulande sind fest davon überzeugt, dass es nur wenigen vorbehalten bleiben muss, gute Noten zu bekommen und höhere Schulen zu besuchen: der Elite. Dazu möchte man gehören, wenn es möglich ist, und lässt die Kinder beizeiten wissen: »Ohne Abschluss, ohne Ausbildung bist du nichts. Wenn du dich nicht anstrengst, nehmen sie dich höchstens als Rostklopfer auf der Werft ...«

Diese Werthaltung ist so fest verankert, dass Veränderungen nur schwer durchzusetzen sind, obwohl viele Menschen engagiert daran arbeiten. Das liegt daran, dass jede Veränderungsidee sich im Kreislauf der deutschen Bildungsreformen verliert, während anderswo Schulabbrecher mit technologischen Innovationen den Weltmarkt erobern.

Den Eltern bleiben diese Entwicklungen nicht verborgen. Doch ihre Reaktion darauf trägt paradoxe Züge: Einerseits fördern sie ihre Kinder parallel zu deutschen Bildungsinstitutionen und um jeden Preis. Andererseits teilen sie den Glauben, dass der Besuch des Gymnasiums das Maß aller Dinge sei. Also drängen sie ihre Kinder zum Pauken, obwohl sie merken, dass die Schule deren Fähigkeiten kaum abfragt. Sie wagen nicht, die Kinder eigene Wege gehen zu lassen – so wie Max es getan hat.

Die Politik ist gefordert, Klarheit zu schaffen und Orientierung zu geben: Es ist längst überfällig, die Stellung des Gymnasiums, das vor allen anderen Bildungsinstitutionen rangiert, zu relativieren und Menschen ohne höheren Schulabschluss zu respektieren. Die Politik muss den Weg dafür frei machen, dass Menschen beruflichen Erfolg auf der Grundlage ihrer Kompetenzen erlangen können.

Wer spielt, der lernt

Das Wort »Bildung« wirkt wie ein Zauber in der aktuellen Debatte. Aber was ist Bildung? Wie erreicht man Bildung? Und vor allem: Wofür braucht man Bildung?

Viele Menschen verstehen unter Bildung das Anhäufen von Wissen. Gut, dass sich der Kindergarten von der »Spielstätte« zur »Bildungseinrichtung« gewandelt hat, denken sie, denn Bildung und Spielen passen nicht zusammen: Wer spielt, verschwendet Lernzeit!

Dieses Bildungsverständnis hat Konsequenzen, die Träger und Leiterinnen von Kindergärten deutlich zu spüren bekommen: Wer das *Spiel* in seinem Konzept betont, wird seine Kindergartenplätze kaum belegen können. Steht hingegen *Bildung* im Konzept, wächst die Nachfrage. Das ist problematisch, denn wie alle Menschen lernen Kinder im Spiel am besten. Stellt der Kindergarten das Spiel zugunsten von Bildungsaktivitäten zurück, verwehrt er Kindern wichtige Entwicklungschancen.

Die Brücke

Hugo ist mit seinen Freunden im Wald. Dort gibt es einen kleinen Bach. Die Kinder versuchen, eine Stelle zu finden, an der sich der Bach überqueren lässt.

Hugo hat eine Idee: »Wir bauen eine Brücke!« Die Kinder sammeln Stöcke und versuchen, sie quer über den Bach zu legen. Doch die Strömung ist stark, und die Stöcke sind zu kurz. Immer wieder reißt das Wasser sie mit.

Nach mehreren Versuchen sind die Kinder schlauer: Sie legen zwei lange und schwere Äste über den Bach. Die vier Enden werden mit Steinen beschwert. Stolz balancieren die Kinder über ihre Brücke.

Bei diesem Spiel haben die Kinder etwas über das Strömungsverhalten unterschiedlicher Materialien gelernt. Würde man sie fragen, warum die Stöcke fortschwammen und die Äste liegen blieben, könnten sie das Phänomen mit ihren eigenen

Worten erklären, ohne physikalische Fachbegriffe zu benutzen. Das ist erst später im Physikunterricht dran. Allerdings könnten sie keinen Nutzen aus dem im Unterricht vermittelten Wissen ziehen, wenn sie nicht auf die Erfahrungen zurückgreifen können, die sie einst am Bach gemacht hatten. Gerd E. Schäfer, Professor für Pädagogik der frühen Kindheit, beharrt zu Recht darauf, dass Kinder eine Fülle von Möglichkeiten für Erfahrungslernen brauchen. Er sagt, wer keine Erfahrungen mit einem Hund habe, könne den Lehrstoff über die inneren Organe des Hundes nicht verstehen, da das theoretisch vermittelte Wissen nicht auf praktischen Erfahrungen aufbauen kann. Erfahrungslernen ist der Ausgangspunkt jeden nutzbaren Wissens.[44]

Erkenntnisse über die Gesetzmäßigkeiten der Welt kann man Kindern – und Erwachsenen – nicht allein mit Worten vermitteln. Lernen ist an die Erfahrungen gebunden, die man mit den Dingen der Welt macht.

Doch Erfahrungslernen wird in manchen »Bildungskindergärten« auf Lektionen reduziert. Kinder werden an Versuchsreihen vorbeigeführt und dürfen dabei zuschauen, wie Erwachsene in weißen Kitteln Gummibärchen im Erlenmeyerkolben ertränken. Erzieherinnen wird geraten, dieses Vorgehen zu kopieren und im Kindergartenalltag naturwissenschaftliche Experimente vorzuführen – blanker Aktionismus und letztlich Augenwischerei, denn die Kinder sind hinterher genauso schlau wie vorher. Es sind nicht ihre Fragen, die die Erzieherinnen, von Karteikarten ablesend, beantworten. Aber es ist ihre Zeit, die geraubt wird. Sie brauchen sie zum Spielen. Und im Spiel entstehen Fragen, denen sie mit Gleichaltrigen höchst interessiert nachgehen.

Noch einmal: Kinder lernen durch Erfahrungen, die sie selbst machen. Deshalb müssen sie lange und ausgiebig in natürlichen Umgebungen mit anderen Kindern spielen können. Das Wissen, das sie dabei erwerben, lässt sich nicht unmittelbar überprüfen, ist aber unentbehrlich für den späteren Aufbau theoretischen Wissens. Deshalb fordern wir, dass das Recht der Kinder auf das Spielen ernst genommen wird.

Erzieherinnen müssen dafür eintreten, dass das Spielen als Basis jeglichen Lernens wieder an Raum und Bedeutung gewinnt. Doch die Institution Kindergarten hat einen schwachen Stand im politischen Kontext. Das wird sich erst bessern, wenn die Sinnkrise der Pädagogik überwunden ist.

Bildungspläne – Segen oder Fluch?

Mit dem Bildungsplan definiert jedes Bundesland die Ziele für die Bildung und Erziehung von Kindern, daher gibt es so viele Bildungspläne für den Kindergarten, wie es Bundesländer in Deutschland gibt. Das heißt: Ein Kind in einem Rostocker Kindergarten soll anders lernen als ein Kind in Düsseldorf. Für ein Kind in Erfurt gelten andere Bildungsziele als für ein Kind in Stuttgart.

Nicht nur, dass die Bildungspläne unterschiedlich aufgebaut sind und – je nach Bundesland – verschiedene und unterschiedlich viele Bildungsbereiche für Kindergartenkinder vorsehen. Sie enthalten sogar gegensätzliche gesellschaftliche Wertvorstellungen, die den Kindern vermittelt werden sollen. Die meisten Bundesländer gehen in ihren Bildungsprogrammen davon aus, dass Kinder in der Auseinandersetzung mit ihrer Umwelt und gemeinsam mit anderen Menschen lernen. Fachleute bezeichnen dieses Vorgehen als Ko-Konstruktion. Einige Bundesländer haben sich hingegen der Idee des Konstruktivismus verschrieben.

Konstruktivistische pädagogische Konzepte basieren auf der Vorstellung vom sich selbst bildenden Menschen, der alles Notwendige aus sich heraus lernt. Quasi einem biologischen Impuls folgend, vollzieht er jeden Entwicklungsschritt von selbst.

Konstruktivistisch orientierte Bildungsprogramme, die das Kind zum alleinigen Akteur von Bildung und Entwicklung machen, überfordern Kinder und degradieren Erzieherinnen wie Eltern zu Ausgestaltern von Räumen und zu Beobachtern von Entwicklungsprozessen.

Auch in der Ko-Konstruktion haben Selbstbildungsprozesse ihren Platz, doch geht diese pädagogische Philosophie deutlich weiter, indem sie den Menschen als soziales und gesellschaftliches Wesen in den Mittelpunkt der pädagogischen Bemühungen stellt.

Beide Ansätze stehen sich konträr gegenüber. Dennoch liefern sie die Grundlagen derzeit gültiger deutscher Kindergartenbildungsprogramme.

Mal angenommen, das Team des Kindergartens »Märchenwald«, den Ulrike leitet, ist von der Ko-Konstruktion überzeugt. Mal angenommen, die Landesregierung teilt diese Überzeugung glücklicherweise und hat die Ko-Konstruktion zur Grundlage ihres Bildungsprogramms erkoren. Das erleichtert es Ulrike, den Kindergarten-Alltag mit ihrem Team und entsprechend der eigenen Qualitätsansprüche erfolgreich zu gestalten, denn man teilt die Grundwerte des Bildungsprogramms.

Offen bleiben allerdings die Fragen: Mit welchem konkreten Kindergarten-Konzept setzt das Team das Bildungsprogramm unter seinen Rahmenbedingungen um? Wie können die Erzieherinnen erkennen, ob sie wirklich gute Arbeit machen? Und erst die Eltern! Ihnen fehlt die fachliche Kompetenz, um einzuschätzen, welches Vorgehen für die Bildung und Entwicklung ihrer Kinder am besten ist.

Quantitative Engpässe – also der Mangel an Kindergartenplätzen generell – führen außerdem dazu, dass Eltern nehmen müssen, was da ist. Nach den Bedürfnissen der Kinder schauen? Das kann man sich unter solchen Bedingungen schlichtweg nicht leisten.

Hinzu kommt: Bildungsprogramm und Kindergarten-Konzept sind nicht das Gleiche. Während ein Bildungsprogramm den politischen und inhaltlichen Rahmen setzt, beschreibt ein Konzept dessen konkrete Umsetzung, also das Vorgehen im pädagogischen Alltag.

Wird Erzieherinnen auf Konferenzen, in Veröffentlichungen und bei Fortbildungen suggeriert, ein pädagogisches Konzept sei besser als ein anderes, wechseln manche das Konzept wie eine Hose, ohne sich eingehend damit auseinandergesetzt zu haben.

Freilich nicht alle: Es gibt Erzieherinnen, die sich intensiv mit pädagogischen Richtungen und Strömungen, mit Konzepten und Methoden vertraut machen und seit Jahren auf Reggio, Montessori oder Offene Arbeit schwören. Im Rahmen ihrer Einrichtungen setzen sie gute Pädagogik um und bilden sich fort. Sie sind sehr wohl in der Lage, dem fachlichen Anspruch, den ein pädagogisches Konzept impliziert, in ihrer Praxis gerecht zu werden, setzen die Rahmenziele des Bil-

dungsprogramms ihrer Region erfolgreich um und werden
Kinderbedürfnissen wie Elternwünschen gerecht.

Doch seit die Bildungsprogramme derartige politische Re-
levanz haben, werden politisch motivierte Konzeptänderun-
gen vielerorts bei Trägern und in Einrichtungen durchgesetzt.
Und wo Landesregierungen ihr Bildungsprogramm nicht als
Rahmenvorgabe verstehen, sondern zum konkreten Hand-
lungskonzept erklären, wird es brisant: Ganze Einrichtungen
müssen sich binnen weniger Wochen umstellen. Ob »Haus der
kleinen Forscher« oder die konstruktivistisch orientierten
Einstein-Kindergärten in Stuttgart – man findet zahlreiche
Beispiele für Angriffe politisch einflussreicher Nicht-Pädago-
gen auf die Fachkompetenz der Erzieherinnen. In Landkreisen
sind behördlich entsandte Fachberaterinnen in den Einrichtungen unterwegs, die die Umsetzung der Bildungsprogramme – so, wie sich ein Professor oder der Landrat das vorgestellt
hat – überprüfen und die erfolgreiche Umsetzung anderer
Konzepte mittels Auflagen unterbinden.

Schluss mit Reggio?

Barbara ist seit fast 35 Jahren Erzieherin. Seit 20 Jahren leitet sie
den Kindergarten »Wirbelwind« und setzt mit ihrem Team die
Reggio-Pädagogik um. Sie besuchte nicht nur zahlreiche Fortbildungen zur Reggio-Pädagogik, sondern gibt selbst Kurse. Erzieherinnen aus dem ganzen Bundesgebiet besuchen den Kindergarten, hospitieren und lernen von Barbara und ihrem Team.
Die Einrichtung hat 58 Plätze für Kinder im Alter zwischen
zwei und sechs Jahren. Auf der Warteliste hat Barbara gerade
einen Namen auf Platz 26 eingetragen. In Fachkreisen und Ex-
pertengremien wird der Kindergarten geschätzt. Im Büro hängen Auszeichnungen an der Wand.

Seit zwei Jahren machen die örtlichen Behörden dem Kindergarten das Leben schwer. Die Fachberaterin erscheint im Quartalsrhythmus und fordert die Umsetzung des Bildungsprogramms. Es ist für sie unerheblich, dass die Grundwerte der Reggio-Pädagogik nicht mit dem konstruktivistisch orientierten Bildungsprogramm der Region übereinstimmen. Dass Barbaras Kindergarten die Kinder seit Jahrzehnten hervorragend auf die Schule vorbereitet, reicht nicht, denn der Landrat will sein Wahlversprechen einlösen: Alle Kindergärten in seinem Verantwortungsbereich werden umgehend nach einem einheitlichen Programm arbeiten. Barbara soll eine zusätzliche Form der Dokumentation einführen, ihr Raumkonzept nach den Vorgaben des Programms verändern, einen Teil der Pädagoginnen austauschen und die Projektarbeit durch vordefinierte Bildungsstunden ersetzen. Eine Zeit lang wehrte sie sich mit Händen und Füßen. Nun ist sie erschöpft. Die Kommune hat ihr Altersteilzeit angeboten, um die unbequeme Leiterin loszuwerden.

Entschließt sich ein Bundesland dazu, Bildungsprogramme durchzudrücken, ohne den pädagogischen Weg vorher durch Aufklärung, Auseinandersetzung, Aus- und Fortbildung zu klären, geraten die Kindergarten-Teams unter einen Druck, der weder ihnen noch den Kindern guttut. Sie sind gezwungen, Inhalte umzusetzen, deren Nutzen für die Kinder für sie nicht erkennbar ist und die mit der Kindergarten-Praxis nichts zu tun haben.

Entschließen sich Eltern zum Wechsel der Einrichtung, weil sie andernorts ein »besseres« Konzept vermuten, werden die Kinder aus ihrem sozialen Umfeld gerissen, müssen sich von liebgewonnenen Erzieherinnen verabschieden und neue Freunde finden.

Die bildungspolitische Bedeutung des Kindergartens

Der Kindergarten böte der Politik die Chance, neben der Bildungsfrage auch andere wichtige gesellschaftliche Themen anzugehen – sei es die Integration von Bevölkerungsgruppen, der Übergang in die Schule oder die soziale Gerechtigkeit. Durch die Stärkung der Institution Kindergarten und der Erzieherinnen könnte es der Politik gelingen, diese drängenden gesellschaftlichen Probleme zu lösen. Das erfordet jedoch, dem Kindergarten eine angemessene Finanzierung zuzugestehen, pädagogische Rahmenvorgaben zu machen, die bundesweit gelten, und für die Wertschätzung des Erzieherinnenberufs einzustehen.

Das Problem der Finanzierung

Jedes Kind in Deutschland braucht heute einen Kindergartenplatz. Diese Forderung muss sofort umgesetzt werden. Wie wäre es damit, Kommunen, die das schaffen, finanziell zu belohnen?

Der Kindergarten steht auf der untersten Stufe der Bildungsleiter und bekommt am wenigsten Geld. Die Unterfinanzierung der Kindergartenplätze wird in den meisten Gesetzen mit einer angemessenen Eigenleistung des Trägers begründet. Wie und von wem die Eigenleistung erbracht werden soll, woran man die Höhe der Kindergartenkosten bemisst, das wird – zum Beispiel im Berliner Kindergartengesetz – beschrieben:

»(1) Die Finanzierung von Tageseinrichtungen der Träger der freien Jugendhilfe soll auf Grundlage einer landesweiten

Leistungsvereinbarung zwischen dem Land Berlin, vertreten durch die für Jugend und Familie zuständige Senatsverwaltung, und den Trägern der freien Jugendhilfe erfolgen. Hierbei werden die Betriebskosten durch eine Kostenerstattung des Landes Berlin, angemessene Eigenleistungen des Trägers und eine Kostenbeteiligung der Eltern gedeckt. Die Finanzierung erfolgt durch das zuständige Jugendamt für das jeweilige Kind bezogen auf Art und Dauer des in Anspruch genommenen Platzes gemäß dem nach § 7 Abs. 9 geregelten Verfahren. [...]

(2) Als Eigenleistung des Trägers gelten auch die Elternmitarbeit und die ehrenamtliche Tätigkeit sowie die Bereitstellung von Räumen. [...]

(6) Die Kosten der Träger dürfen die Kosten nicht übersteigen, die dem Land Berlin bei vergleichbaren Leistungen in eigenen Einrichtungen im Sinne des § 20 entstehen.«[45]

Die Trägereigenleistung erbringen also auch die Eltern, die, wie im ersten Absatz beschrieben, nicht zusätzlich belangt werden dürfen. Widersprüchlicher geht es nicht! Außerdem: Die Höhe der Gesamtfinanzierung soll sich daran bemessen, was ein Kindergartenplatz im staatlichen Kindergarten kostet. Also sind die staatlichen Kindergärten mit ihrer vergleichsweise niedrigen Qualität der Maßstab für die Kindergartenfinanzierung.

Bekanntlich kostet höhere Qualität mehr Geld. Die Steigerung der Qualität aller Kindergärten wird damit von der Bereitschaft der staatlichen Kindergärten, ihre Qualität zu verbessern, abhängig gemacht.

Besonders perfide ist, dass in den öffentlichen Kindergärten aufgrund staatlicher Tarifbindungen hohe Personalkosten anfallen, die man den freien Trägern nicht zubilligt. Deshalb dürfen freie Kindergärten gern weniger, auf keinen Fall aber mehr als die staatlichen Kindergärten kosten. So ist es in Berlin, in anderen Kommunen und Bundesländern wird es allerdings ähnlich gehandhabt.

Aber zurück zur Institution Kindergarten.

Erziehungs- und Bildungseinrichtungen müssen gut aufgestellt sein, über moderne Managementfähigkeiten verfügen und sie weiterentwickeln. Sie brauchen Strukturen für die erfolgreiche Personal-, Finanz- und Kundenpolitik.

Zwar spielt Teamarbeit in modernen Unternehmen eine herausragende Rolle, aber in der Bildungsarbeit hat sie leider keine Tradition. Bei Erzieherinnen ist sie genauso verpönt wie der zielorientierte Umgang mit Ressourcen und Finanzen. Zwar hat sich die Bezeichnung der Eltern als Kunden im Sprachgebrauch der Erzieherinnen etabliert, löst aber noch immer Unbehagen aus. Diese und weitere Probleme hindern den Kindergarten am Aufstieg in den Olymp der anerkannten Bildungsinstitutionen. Er bleibt ewiger Anwärter auf einen besseren Platz und wird deshalb bei der Vergabe der finanziellen Mittel stiefmütterlich behandelt.

Landläufige Meinung ist, dass jedem Kind ein Anteil an den Steuereinnahmen des Staates für Bildung und Betreuung zusteht. Also fragen sich viele Menschen: Kommen diese Gelder auch im Kindergarten an? Und wofür werden sie dort ausgegeben?

Leider ist es so: Länder und Kommunen entscheiden nicht anhand des Steueraufkommens, sondern – man möchte fast sagen: unter caritativen Gesichtspunkten, wie viel Geld für den Kindergarten ausgegeben wird. Dabei kommt es zu unterschiedlichen Finanzierungsformen und -höhen. In nicht weni-

gen Bundesländern müssen die Kindergartenträger jährlich
ihren finanziellen Grundbedarf – Miete, Strom, Personalkosten … – gegenüber der Gemeinde erklären und um die Finanzierung dieser Kosten bitten. Das System garantiert nicht, dass
eine Betriebskostenerhöhung vom Land übernommen wird.
Deshalb kommt ein Kindergarten selten auf einen ausgegliche-
nen Haushalt.

Erzieherinnen und Eltern
kämpfen für Kindergartenqualität

Politik wird dort gemacht, wo das öffentliche Interesse groß
ist oder groß zu sein scheint. Autos sind der Deutschen liebs-
tes Kind, und wenn es um die Verhinderung von Werkschlie-
ßungen geht, kann sich der Sozialstaat wieder einmal von seiner guten Seite zeigen.

Mit streikenden Erzieherinnen befasst die Politik sich
nicht. Liegt das daran, dass die gesellschaftliche Öffentlichkeit kaum Interesse für dieses Thema zeigt? Leider gelingt es
den Pädagogen-Gewerkschaften nicht, die Medien ähnlich
stark zu dominieren wie die IG Metall.

Der Wert einer Erzieherin bemisst sich offenbar daran, wie
viel Publicity zu schaffen sie imstande ist. Solange man sich in
der Politik damit nicht wirklich profilieren kann, hält man Ab-
stand und wartet, bis sich die Wogen wieder gelegt haben.
Und das geht schnell bei Erzieherinnen. Nicht, weil sie nicht in
der Lage wären, ähnlich lange vor dem geschlossenen Kindergarten auszuharren wie streikende Opelianer vor den Werks-
toren. Doch: Dem halbfertigen Auto schadet es nichts, wenn
die Maschinen ein paar Wochen stillstehen. Erzieherinnen

hingegen wissen, dass ein Streik auf Kosten der Kinder ausgetragen wird.

Zum inneren Druck, der der Profession entspringt, kommt der äußere: Von Eltern ist nur bedingt Verständnis für den geschlossenen Kindergarten zu erwarten. Sicherlich gelingt es ihnen, ihre Kinder für zwei, drei Tage bei den Großeltern oder Bekannten unterzubringen oder einen Babysitter anzustellen, aber dann ist Schluss mit dem Verständnis.

Dennoch: In Berlin streikten die Erzieherinnen nicht allein. Auch Eltern engagierten sich für notwendige Verbesserungen im Kindergarten und setzten ein Volksbegehren in Gang. Trotz ausreichender Unterschriften wurde es im ersten Schritt senatsseitig abgeschmettert. Die Initiatoren mussten erst Klage vor dem Bundesverfassungsgericht führen, ehe sich der Senat halbwegs ernsthaft mit dem Thema befasste.

Es ist schon paradox, dass es für Erzieherinnen kaum eine Handhabe gibt, um auf die brisante Situation, in der sie stecken, aufmerksam zu machen. Den über das höchste Verfassungsorgan erwirkten Kompromiss schreibt sich die Politik selbstredend auf die eigene Fahne: »Der Regierende Bürgermeister Klaus Wowereit sieht in dem Reformkonzept einen weiteren Beleg der Vorreiterrolle Berlins bei der Kinderbetreuung.« Und Bildungssenator Zöllner erklärt: »Wir wollen eine noch intensivere Betreuung für die Kinder in Berlin schaffen. Der Senat macht mit diesem Maßnahmenbündel deutlich, dass er erhebliche Verbesserungen in der frühkindlichen Bildung bis zum Jahr 2013, konkret beginnend bereits 2010, gesetzlich festschreiben will und damit den Schwerpunkt Bildung für die Jüngsten in konkretes politisches Handeln umsetzt.«[46]

Es ist schon absurd, dass die Kunden für den Dienstleister bessere Rahmenbedingungen erkämpfen müssen, weil der Dienstleister in der politischen Öffentlichkeit kein Gehör findet. Von einer nachhaltigen Lösung kann übrigens keine Rede sein, wenn in aller Offenheit klargemacht wird, dass die Einigung nur auf Kosten anderer Forderungen umgesetzt werden konnte.

Die Rahmenvorgaben und die Qualität

Die Länder und Kommunen übernehmen Verantwortung für ihre Kindergärten. Das ist keine leichte Aufgabe, da viele Interessen unter einen Hut gebracht werden müssen und die Ansprüche der Eltern gestiegen sind. Außerdem müssen noch andere Leistungen wie Straßenbau, Krankenversorgung usw. finanziert werden. Da wurde der Kindergarten in der Vergangenheit gern mal übersehen.

Heute funktioniert das nicht mehr. Dennoch greift die Politik in die Trickkiste und wartet mit Teillösungen auf, wie wir im Folgenden anhand einiger Beispiele zeigen.

Leiten ohne Leitungszeit

In Berlin leitet Ulla einen Kindergarten mit 50 Plätzen. Doch in der Hauptstadt gesteht man Leiterinnen erst ab einer Kindergartengröße von 160 Plätzen zu,[47] sich ausschließlich den Leitungstätigkeiten widmen zu dürfen. Ist der Kindergarten kleiner, muss die Leiterin in den Gruppen mitarbeiten. Ihre Arbeitszeit wird auf den Personalschlüssel angerechnet, der festlegt, wie viele Erzieherinnen für wie viele Kinder zur Verfügung stehen. Die Stunden, die Ulla braucht, um ihr Büro zu organisieren, kommen in einem kleinen Kindergarten kaum zusammen. Dennoch müssen Dienstpläne geschrieben, das Essen muss bestellt und das Haus gepflegt werden. Ulla muss mit Reinigungsfirmen und Lieferanten zusammenarbeiten. Tropft ein Wasserhahn, soll im Garten ein Baum beschnitten werden – Ulla muss sich darum kümmern. Sie spricht mit Eltern, nimmt neue Kinder auf, führt Kündigungsgespräche und arbeitet mit dem Jugendamt zusammen. Sie ist für Abrechnungen, Bestellungen und Stellenausschreibungen zuständig, organisiert ihr Team, bereitet Sitzungen vor, führt sie durch und dokumentiert sie. Sie muss die Arbeit ihrer Mitarbeiterinnen überprüfen, muss motivieren, kritisieren und trösten.

Die Ansprüche an die pädagogische Dokumentation sind in den letzten Jahren gestiegen. Die Gesetze zum Schutz von Kindern und Familien verlangen Ulla auch einiges ab. Sie muss im Umfeld ihres Kindergartens an Zusammenkünften teilnehmen und Berichte für das Jugendamt verfassen.

Für all diese Tätigkeiten sieht der Gesetzgeber keine Arbeitszeit vor. Ulla erledigt sie quasi nebenbei oder auf Kosten der Betreuungszeit der Kinder.

Ullas Tag

»Morgens bin ich das Begrüßungskomitee für die Eltern. Danach helfe ich den Kolleginnen beim Frühstück mit den Kindern. Wenn alle wieder in ihren Gruppenräumen sind, mache ich die Cafeteria sauber, stelle das Geschirr in den Spüler und flitze ins Büro. Dort habe ich ungefähr eine halbe Stunde Zeit, bevor die Praktikantin kommt. Ich spreche mit ihr über die Arbeitsleistung in der letzten Woche.

Schon ist Wickelzeit. Ich helfe den Kolleginnen, die Kinder zu wickeln und für den Aufenthalt im Garten anzuziehen. Im Winter braucht das seine Zeit.

Ist die letzte Gruppe draußen, kommt die erste schon wieder herein. Ich helfe beim Ausziehen und gehe mit in die Gruppen. Diese Zeit nutze ich, um mit den Kolleginnen zu sprechen und mitzubekommen, wie sie arbeiten. Ich sehe mir die Portfolios der Kinder an und überprüfe, ob alles in Ordnung ist.

In der Mittagszeit, wenn die Kinder schlafen, habe ich wieder ein paar Minuten für die Büroarbeit. Danach löse ich die Kolleginnen zur Pause ab.

Am Nachmittag kommen Eltern, die Fragen haben oder einen Platz für ihre Kinder bekommen möchten.

So sieht mein Tag aber nur aus, wenn niemand krank ist, Urlaub hat oder eine Fortbildung besucht. Ist das der Fall, bleibt im Büro alles liegen.

Die Verwaltungsarbeit kommt immer zu kurz. Ich erledige sie oft abends oder am Wochenende. Meist nehme ich mir Arbeit mit nach Hause.

Wie kommen Landesregierungen auf die Idee, eine Leiterin könnte ihre vielen Aufgaben außerhalb der regulären Arbeitszeit erfüllen – quasi ehrenamtlich?

Die Verantwortlichen in Ämtern und Regierungen würden unter solchen Bedingungen nicht arbeiten wollen. Demzufolge würden sie solche Gesetze und Finanzierungsrahmen für ihre Tätigkeit auch nicht beschließen. Müssten sie Ullas Job nur eine Woche lang machen – das Kindergartengesetz sähe anders aus.

Regierungen, die sich mit ihren Personalschlüsseln brüsten, doch den Leiterinnen keine Leitungszeiten einräumen, mogeln. Denn eins ist klar: Wenn die Leiterin im Personalschlüssel enthalten ist, muss sie ihre Leitungstätigkeiten in der Zeit erledigen, die den Kindern zusteht.

Die Eltern fallen auf diesen Trick herein. Hatte der Landeselternausschuss jüngst in Berlin in einem Volksbegehren bessere Arbeitsbedingungen für die Erzieherinnen durchsetzen wollen, ruderte er, als es konkret wurde, zurück. Obwohl ein Gericht bestätigt hatte, dass das Volksbegehren der Eltern rechtmäßig und damit wirksam ist, ließ man sich vom Berliner Senat einen Kompromiss aufzwingen. Heraus kam ein bisschen mehr Personal für jede Einrichtung, aber keine wesentliche Verbesserung bei der Leitungszeit.

Warum die Eltern den Kompromiss annahmen? Sie hatten sich vorgestellt, dass ihren Kindern mehr Erzieherinnen zur Verfügung stehen würden. Die eigentliche Arbeit der Leiterinnen hatten sie übersehen.

Missmanagement

Kindergärten und ihre Träger brauchen wie jedes andere Unternehmen professionelle Personalpolitik. Dazu zählt neben angemessener Bezahlung, Sozialleistungen und Karrieremöglichkeiten auch die Anwendung der Methoden professioneller Personalführung – ein Handwerkszeug jeder Kindergartenleiterin.

Susanne ist 28 und leitet seit zwei Jahren einen Kindergarten. Anfangs war sie stolz, dass ihr Team sie erwählt hatte, obwohl sie die einzige Bewerberin für diesen Job war. Die erfahrenen Erzieherinnen machten kein Hehl daraus, dass sie sich dieser Belastung nicht aussetzen wollen.

Susanne ist sauer
Susanne hat Probleme. In den vergangenen zwei Jahren kündigte fast ihr gesamtes Team. Obwohl sie Glück hatte, weil der dünn besiedelte Arbeitsmarkt noch ausgebildete Erzieherinnen hergab – die neuen Kolleginnen blieben auch nicht lange.
Susanne ist empört: »Warum soll ich den Neuen die Arbeitsverträge erklären? Die können doch lesen! Die letzte hat geheult, als sie am ersten Tag die Kinder in der Babygruppe füttern sollte. Sie hat sich beklagt, dass sie als Neue gleich allein arbeiten muss. Was heißt hier allein – die Kollegin war doch im Garten! Als die Eltern nachmittags auch noch Fragen hatten, die sie nicht beantworten konnte, kam sie den nächsten Tag einfach nicht mehr zur Arbeit. Wenn ich nicht bald Leute kriege, die wirklich im Kindergarten arbeiten können, kündige ich auch!«

Man kann Susanne schwerlich einen Vorwurf machen. Sie wurde Leiterin, ohne gelernt zu haben, was das heißt. Ihr war unklar, dass Personalführung sich nicht darauf beschränkt, einmal wöchentlich den Dienstplan aufzustellen. Geeignete Instrumente und Methoden, um Mitarbeiterinnen einzuarbeiten und sie zu motivieren, fehlen ihr aber. Sie weiß nicht, wie man die im Kindergarten anfallenden Arbeiten auf die Mitarbeiterinnen verteilt und den Erzieherinnen im Team zeigt, wie sie zu bewältigen sind. Logisch, dass sie ihre eigenen Fähigkeiten zum Maßstab nimmt und von den Kolleginnen erwartet, dass sie »ihre Arbeit machen«. Wie man auf die unterschiedlichen Kompetenzen der Mitarbeiterinnen eingeht, ihre individuellen Voraussetzungen berücksichtigt, das weiß sie nicht, denn niemand wird als Leiterin geboren. Der jungen Leiterin wurde offenbar nie eine Maßnahme der Personalentwicklung, zum Beispiel ein Führungskräfte-Training, angeboten. Dies ist leider Alltag in deutschen Kindergärten. Das zunehmende Scheitern von Erzieherinnen auf Leitungspositionen führt vielerorts dazu, dass man Sozialpädagogen als Leiter einsetzt. Den Kindergärtnerinnen kommt dadurch die einzige Karrieremöglichkeit abhanden. Das ist ungerecht. Wie in jedem anderen Beruf üblich, müssen auch Erzieherinnen auf Leitungspositionen vorbereitet und beim Übergang begleitet werden. Dazu braucht es intensive Fortbildungsmaßnahmen, Reflexionen, Trainings und Coachings. Das kostet Geld, das Gemeinden und Kommunen nicht haben oder nicht für den Kindergarten ausgeben wollen. Überlässt man die Leitung von Kindergärten zunehmend Leuten aus anderen Berufsfeldern, zum Beispiel Sozialpädagogen, sorgt man dafür, dass sich noch weniger Menschen für den Beruf der Erzieherin entscheiden und der Arbeitsmarkt leergefegt ist.

Bevor Guerilla-Marketing und Headhunting in der Branche Einzug halten, empfehlen wir, die in anderen Bereichen üblichen Personalmaßnahmen wie Aufstiegschancen, bezahlte Förderung, Teampflege etc. auch im Erzieherinnenberuf einzuführen.

Die Träger von Kindergärten müssen – wie andere Unternehmen auch – über ein gut ausgestattetes Budget für Personalmaßnahmen verfügen und sich eine qualifizierte Personalabteilung leisten können, die ein umfassendes Repertoire von Methoden und Instrumenten beherrscht.

»Nicht zuletzt zeichnet sich regional bereits in unterschiedlicher Schärfe ein Fachkräftemangel ab, der durch den Druck, das Ausbauziel innerhalb der nächsten Jahre zu erreichen, noch zunehmen dürfte. [...] Die damit verbundenen Fragen der Ausweitung von Ausbildungskapazitäten, der Entwicklung schlüssiger Weiterbildungskonzepte, nicht zuletzt aber auch einer Neubewertung und Attraktivitätssteigerung des Erzieherinnenberufs liegen überwiegend jenseits der Kompetenz einzelner kommunaler Akteure. Dies ist ein Problem, das auf übergeordneter Ebene angegangen werden muss.«[43]

Doch auf übergeordneter Ebene schweigt man sich aus. Leiterinnen wie Susanne und ihre Kolleginnen müssen darunter leiden und wechseln über kurz oder lang den Beruf. Dass das permanente Neubesetzen von Erzieherinnen-Stellen letztlich viel teurer ist als die Etablierung eines professionellen Personalmanagements im Kindergarten-Bereich — eigentlich ein einfaches Rechenexempel.

Verbote und Krittelei

In vielen Bundesländern gibt es Bestrebungen, die Kindergartenplätze für Eltern nach und nach kostenfrei anzubieten. Mit dieser positiven und längst überfälligen Maßnahme sind jedoch auch Probleme verbunden. Die Kommunen befürchten, dass sich vor allem freie und private Träger durch den Betrieb eines Kindergartens bereichern könnten. Deshalb untersagen sie per Gesetz die Erhebung zusätzlicher Beiträge durch Kindergartenbetreiber.

Die meisten Träger von Kindergärten sind gemeinnützig und können deshalb keine Gewinne abschöpfen — gesetzt den Fall, es ließen sich überhaupt Gewinne durch den Betrieb eines Kindergartens erwirtschaften. Die Gemeinnützigkeit regelt, dass sämtliche Überschüsse in den Betrieb, also in den

Kindergarten, zurückfließen müssen. Bereicherung fällt demzufolge aus, zumal die Kosten der meisten Kindergartenbetreiber nicht zu hundert Prozent durch die staatlichen Finanzierungsvorgaben gedeckt werden. Vielmehr ist die chronische
Unterfinanzierung des Kindergartens durch die Kommunen
der Grund dafür, dass viele Träger Zuzahlungen von den
Eltern erheben müssen.

In den Ländern und Gemeinden argumentiert man allerdings, dass Kinder, deren Eltern sich Zuzahlungen nicht leisten können, vom Kindergartenalltag ausgeschlossen würden,
wenn man solche Zahlungen nicht verbieten würde. Eine einfache Lösung wäre die Übernahme sämtlicher im Kindergarten
entstehender Kosten durch die öffentlichen Geldgeber. Diese
Lösung wird aber nicht gewählt. Stattdessen arbeitet man –
wie im Berliner Kindergartengesetz – mit Verboten:

»Die Kostenerstattung durch das Land Berlin setzt insbesondere voraus, dass [...] 3. im Zusammenhang mit der Förderung beim Träger für die Eltern nur insoweit über die Kostenbeteiligung hinausgehende finanzielle Verpflichtungen
bestehen, wie sie sich auf Grund von den Eltern gewünschten
besonderen Leistungen des Trägers ergeben und diese Verpflichtungen von den Eltern ohne Beendigung der Förderung
jederzeit einseitig aufgehoben werden können ...«[49]

Wie man oben sieht, drückt sich der Gesetzgeber nur vage
aus und öffnet damit Auslegungsspielräume. Davon machen
die Behörden ausgiebig Gebrauch: Kindergärten, die ihr Angebot in der Vergangenheit ergänzten, indem sie zum Beispiel die
benachbarte Musikschule baten, Musik- oder Tanzkurse im
Kindergarten durchzuführen, müssen nun darauf verzichten,
obwohl die Eltern dies wünschen. Die Aufsichtsbehörde argu-

mentiert: Da nicht alle Kinder am Musikunterricht teilnehmen könnten, sei dieses Vorgehen mit dem Auftrag des Kindergartens nicht vereinbar. Kinder, deren Eltern den Musikunterricht nicht wünschen oder ihn nicht bezahlen können, würden ausgeschlossen. Aufrechterhalten dürfe der Kindergarten das Angebot nur, wenn auch Kinder Musikunterricht erhalten, deren Eltern dies nicht bezahlen. Darauf will sich die Musikschule natürlich nicht einlassen.

Es ist richtig, dass allen Kindern – ohne soziale Unterschiede – eine angemessene Erziehung und Bildung im Kindergarten zusteht, doch dieser Anspruch wird auf komplett falsche Weise durchgesetzt. Gute Ideen, die den Interessen der Kinder und den Bedürfnissen der Eltern dienen, werden unterbunden. Was hat das mit Qualität zu tun?

Viele Leiterinnen hören aufmerksam zu, wenn Politiker die Probleme schildern, die in Sachen Kindergarten zu lösen sind. Sie machen sich Gedanken und stellen sich den Herausforderungen. Voller Stolz setzen sie neue Ideen mit ihren Teams um. Der nächste Besuch der Aufsichtsbehörde bringt dann die Ernüchterung. Denn das Ziel der Kindergartenaufsicht ist nicht, Kindergartenqualität zu fördern. Die Aufsicht soll kontrollieren, kritisieren und nach Mängeln fahnden. Immer neue Auflagen halten Erzieherinnen von ihrer eigentlichen Aufgabe ab, und die ewige Krittelei macht die Lust auf Innovationen oder Verbesserungen zunichte.

Hier könnte man einhaken und Abhilfe schaffen: Ämter, die sich von der Kontrollbehörde zum Qualitätsscout entwickeln – das wäre mal eine Wandlung, auf die Politiker stolz sein könnten.

Das Berliner Kindergartengesetz:

»(2) Die Vorgaben für die Personalausstattung gehen davon aus, dass bei einer entsprechenden Organisation eine gleichbleibende kontinuierliche pädagogische Förderung der einzelnen Kinder durch mindestens eine ihnen vertraute Bezugsperson gewährleistet ist. Die Personalausstattung umfasst die in jeder Einrichtung pro Woche erforderlichen Zeiten je Fachkraft insbesondere für die Teilnahme an Dienstbesprechungen, Fachberatungen, Fortbildungen, die Elternarbeit, die Anleitung von Praktikantinnen und Praktikanten sowie die individuelle Vor- und Nachbereitungszeit. Sie berücksichtigt die für die Umsetzung der verbindlichen Inhalte der Tätigkeiten erforderlichen Zeiten nach dem von der für Jugend und Familie zuständigen Senatsverwaltung beschlossenen landeseinheitlichen Bildungsprogramm einschließlich der Sprachdokumentation. Hierzu gehören auch die Beobachtung und Dokumentation der Entwicklung des Kindes, die Durchführung von Sprachstandsfeststellungen, die Führung von regelmäßigen Gesprächen über die Entwicklung des Kindes mit den Eltern sowie die Durchführung interner und externer Evaluationen entsprechend den Vorgaben der Qualitätsentwicklungsvereinbarung nach §13 des Kindertagesförderungsgesetzes.«[50]

Diese lange Aufzählung von Aufgaben, die eine Erzieherin laut Gesetz erfüllen muss, macht deutlich, wie sehr die Erwartungen an den Kindergarten gestiegen sind. Nun ist es an der Zeit, dass der Kindergarten die notwendigen Ressourcen dafür bekommt, seinen Aufgaben auch gerecht werden zu können. Spätestens mit der Einfügung der Anforderungen in den Gesetzestext im Dezember 2009 kann kein Politiker sich mehr damit herausreden, die Anforderungen an den Beruf der Erzieherin nicht genau zu kennen.

Die Gefahren der Vermarktung

Als die Privatisierung staatlicher Kindergärten in den neuen Bundesländern vor 15 Jahren begann, erhoffte sich die Politik einen qualitativen Aufschwung. Der marktwirtschaftliche Wettbewerb sollte frischen Wind in die Kindergärten bringen. Das war damals auch nötig und wurde vielfach begrüßt. Neue Ideen und die konzeptionelle Öffnung waren die positiven Folgen dieser Entwicklung. Doch seit einigen Jahren bekommen Kindergärten, Träger und Kommunen die negativen Folgen mehr und mehr zu spüren. Die Trägerlandschaft ist längst ausdifferenziert, und der Wettbewerb unter Trägern und Einrichtungen begünstigt Wildwuchs. Die Qualität leidet unter Phänomenen wie dem Konzept-Hopping oder der Irreleitung von Eltern.

Die Idee, dass allein der Wettbewerb zu steigender Qualität führe, greift im Kindergartenbereich nicht. Vor allem dann nicht, wenn niemand definiert, was Qualität heißt. Demzufolge können die einzelnen Mitspieler auf dem Markt Elternbedürfnisse so manipulieren, dass sich das selbstkreierte Produkt zum bestmöglichen Preis verkauft, und vor allem jene Kindergartenteams als erfolgreich gelten, die Eltern all das versprechen, was sie sich erträumen. Dass diese Träume unbezahlbar und deshalb unerfüllbar sind, erfahren die Eltern nicht.

Sind die Familien nicht dauerhaft in der Lage, die hohen Gebühren zu zahlen, wird die Filiale geschlossen. Erste Pleiten solcher großspurig aufgezogenen Bildungsunternehmen sind absehbar.

In einer aktuellen Studie über den Ausbau der Kindertagesbetreuung in Deutschland wird festgestellt: »Vor allem in Heidelberg und München wurde der Platzausbau überwiegend von einer neuen Generation kleiner und kleinster Träger, privater Initiativen und (klein-)gewerblicher Anbieter getragen, die mit einem unterschiedlichen Grad an pädagogischer Vorerfahrung und in rechtlich unterschiedlichen Erscheinungsformen im Feld der Kindertagesbetreuung in Erscheinung treten. [...] Damit haben Kommunen vermehrt mit Akteuren zu tun, die jenseits der etablierten Verbände der freien Wohlfahrtspflege und der klassischen Elterninitiativen angesiedelt sind und oft ›hybride‹ Organisationsformen zwischen einer Gewinnorientierung und ›reinen‹ Gemeinnützigkeit ausbilden. Besonders groß ist allerdings die Verunsicherung, was privat-gewerbliche Träger angeht. [...]

Für Kommunen besteht darüber hinaus ein Problem darin, wie sich eine solche wachsende Vielzahl von Akteuren steuern lässt und in welcher Form effektiv mit ihnen zusammengearbeitet werden kann. [...] Somit ist hier auch eine prinzipielle Auseinandersetzung darüber zu führen, wie man sich das zukünftige Feld der Kindertagesbetreuung vorstellt und welche ordnungspolitische Rahmung man ihm geben möchte.«[51]

Der zunehmende Wettbewerb unter den Kindergarten-Trägern macht der Politik zu schaffen. Man hat die vorhandenen Steuerungsinstrumente den Entwicklungen des Marktes nicht rechtzeitig genug angepasst. Zudem stammen sie aus den Zeiten, in denen Kindergärten in der freien Wohlfahrtspflege angesiedelt waren, und taugen für den kapitalisierten Markt nicht mehr.

Die Politik muss lernen, dass Wettbewerb nur dann Sinn hat, wenn die Regeln und der Rahmen klar sind. Für den Kindergarten ist Wettbewerb nur sinnvoll, wenn er auf der Grundlage behördlich verordneter Standards ausgetragen wird. Solche Standards verhindern, dass sich Scharlatane und Wunderheiler auf dem Markt ausbreiten.

Die Politik muss einkalkulieren, dass Eltern auf Werbebotschaften hereinfallen, die ihnen die gesicherte Zukunft ihrer Kinder versprechen. Den Nutzen des gekauften Produktes können Mütter und Väter weder einschätzen noch kontrollieren. Also hat die Politik die Verpflichtung, Eltern zu schützen. Aber es gibt leider keine Einigung darüber, ob der durch einen verbindlichen Qualitätsrahmen zu schaffende Schutz auf kommunaler oder auf Bundesebene umgesetzt werden soll.

»Gleichzeitig darf es nicht lokalen Faktoren und Budgets überlassen werden, wie Qualitätsfragen aufgegriffen und welche Prioritäten vor Ort gesetzt werden. Mit Blick auf das Ziel, gleiche Bildungschancen für Kinder zu gewährleisten, ist deshalb ein gemeinsamer und verlässlicher Qualitätsrahmen für frühkindliche Bildung und Betreuung auf Bundesebene ein dringendes Desiderat. Ein solcher Rahmen hätte sich vor allem auf Aspekte der Strukturqualität zu beziehen (Gruppengrößen, Erzieher-Kind-Relation, Verfügungszeiten usw.), die einer politischen Steuerung am ehesten zugänglich sind und sich fachlich und forschungsbasiert begründen lassen.«[52]

Über den Umgang der Politik mit Eltern

Die Politik verspricht den Eltern mehr Kindergartenplätze, kann dieses Versprechen aber nicht einlösen. Es fehlt an Geld und gut ausgebildeten Erzieherinnen. Um nicht ganz so schlecht dazustehen, greift man – auf Kosten der Kinder – zu Notlösungen, von denen wir zwei exemplarisch darstellen.

Hüh und hott in der Kindergartenpolitik

Mit großem Enthusiasmus arbeitete sich die vorherige Bundesregierung am Thema »Kinderbetreuung« ab. Der Rechtsanspruch auf einen Kindergartenplatz für Kinder ab drei Jahre wurde beschlossen, ebenso die schrittweise Einführung der Kostenfreiheit von Kindergartenplätzen für Eltern. Außerdem wurde eine Krippenoffensive gestartet, finanzielle Mittel für den Aufbau von Kinderkrippen und die Sanierung der Gebäude wurden bereitgestellt.

Mitten in der Wirtschaftskrise wurde eine neue Bundesregierung gewählt. Sie hat zu diesem Thema wenig mitzuteilen. Allenfalls hört man von der neuen Familienministerin Kristina Schröder, sie wolle angedachte Vorhaben nochmals prüfen. Das Interesse für die Bedeutung der Bildung in der frühen Kindheit nahm ab.

Kommunen und Städte reagieren jedoch. Ihnen fehlen die Mittel, um die auf Bundesebene großzügig geplante Bildungsoffensive zu finanzieren. »Die kommunalen Spitzenverbände beklagten, die Einigung treffe die klammen Kommunen hart. Der zu erwartende hohe dreistellige Millionenbetrag pro

Jahr – die Rede war von bis zu 700 Millionen Euro – lasse den beitragsfreien Kindergarten in weite Ferne rücken, sagte der Hauptgeschäftsführer des Deutschen Städte- und Gemeindebundes, Gerd Landsberg. Auch werde angesichts der neuen Belastungen immer fragwürdiger, ob die Kommunen in der Lage sein würden, den für 2013 vorgesehenen Rechtsanspruch für die Betreuung von Kindern unter drei Jahren einzulösen. Die Präsidentin des Deutschen Städtetages, Petra Roth, monierte, die Vereinbarung werde in vielen Städten neue Haushaltslöcher reißen.«[53]

Dann sollen die Eltern eben weiterhin zahlen, wenn sie ihre Kinder in den Kindergarten schicken – oder auf den Rechtsanspruch verzichten.

Falsche Versprechen

Das Bewusstsein über die Notwendigkeit von Betreuungsangeboten für Kinder, die jünger als drei Jahre sind, nimmt in Deutschland zu – das ist ein Fortschritt. Krippen und Kindergärten sind zum Stichwortgeber für Debatten geworden. Und die Politik kann erste Ergebnisse vorweisen: Der Rechtsanspruch auf Betreuung ab dem ersten Lebensjahr ist da und gilt ab 2013. Doch wie er in die Realität umgesetzt werden soll, bleibt nebulös.

Das von der vorherigen Bundesregierung bereitgestellte Krippengeld fließt in den Umbau und Ausbau vorhandener Kindergärten und in Betreuungsangebote von Tagesmüttern, kurz: in die Quantität. Plätze sollen zügig geschaffen werden, die qualitativen Aspekte bleiben auf der Strecke.

Es ist bekannt, dass Erzieherinnen im Rahmen ihrer Ausbildung kaum lernten, mit den Allerkleinsten umzugehen. Den Beruf der Krippenerzieherin gab und gibt es in der Bundesrepublik nicht. Jede Leiterin, die eine der wenigen »echten« Krippenerzieherinnen aus dem Osten Deutschlands in ihrem Team hat, kann sich glücklich schätzen.

Doch statt eine gemeinsame Krippen-Ausbildung zügig zu etablieren, hält man an der Zuständigkeit der Länder fest, obgleich es in den alten Bundesländern an Erfahrung und Kompetenz in Bezug auf die Betreuung und Förderung der Jüngsten fehlt.

Tagesmütter sollen nun übernehmen. Doch eilig arrangierte Fortbildungen in minimalem Stundenumfang werden die notwendige Qualität schwerlich sichern können. Wissen über die motorische, kognitive und psychosoziale Entwicklung der Kleinstkinder und deren altersgemäße Förderung im pädagogischen Alltag eignet man sich weder im Rahmen von nachmittäglichen Großseminaren noch auf dem Weg des »Erfahrungsaustauschs« unter Laien an. Kleinkinder sind nun mal keine kleineren Kindergartenkinder.

Im föderal-politischen Gerangel bleiben die Kleinsten auf der Strecke. Die Fortbildungsinitiative von 80 000 Erzieherinnen und Tagesmüttern,[54] die die alte Bundesregierung im Rahmen der Nationalen Qualifizierungsinitiative anstrebte, verlief im Sande. Kein Wunder, da man sich nicht einig darüber wird, was Betreuungsqualität für die Jüngsten überhaupt ist. Ein nationales Fortbildungscurriculum wäre ein Anfang, setzt aber das Bewusstsein voraus, dass das Wohnzimmer der Tagesmutter kein geeigneter Ort der Frühförderung sein kann.

Schon jetzt geht man von einem zusätzlichen Bedarf von rund 39 000 Vollzeitstellen für Erzieherinnen und Erzieher aus.[55] Doch das würde gerade für ein Drittel der Kinder unter drei Jahren reichen. Wäre es da nicht ebenso klug wie nachhaltig, den Pädagogennachwuchs gleich richtig auszubilden? Im Sinne der Allerkleinsten müssen schnell Prioritäten gesetzt werden: Wir brauchen dringend genügend Krippenprofis, denn nur mit ihnen wird der Ausbau von Betreuungsplätzen gelingen. Die Integration von Zweijährigen in Kindergartengruppen ist keine taugliche Alternative.

Zu Lasten von Kindern und Eltern werden Wahlversprechen gebrochen. Die Folgen für die Familien sind für Politiker irrelevant. Die einzige Konstante in dem ewigen Hüh und Hott ist der akute Mangel an Betreuungsangeboten in weiten Teilen der Bundesrepublik.

Politisches Versagen und die Folgen

Dass die Institution Kindergarten trotz aller anderslautenden Beteuerungen in Deutschland nicht besonders akzeptiert ist, erkennt man auch daran: Jeder, der es möchte, kann – unabhängig von seiner Vorbildung – einen Kindergarten eröffnen. Er braucht lediglich ein paar Räume mit Fluchtwegen nebst einer ausreichenden Anzahl von Waschbecken und Toiletten, montiert in kindgerechter Höhe – fertig ist der Kindergarten.

Ob der Staat hier finanziell kalkuliert, bleibt dahingestellt – ehrenamtlich putzende und kochende Eltern sind immerhin kein Kostenfaktor. Kein Wunder, das Elterninitiativkindergärten wesentlich billiger sind als professionell betriebene Einrichtungen.

Wenn Eltern Kindergärten eröffnen

Was einst aus der Not heraus entstand, wurde inzwischen zur staatlichen Übung. In den 1970er und 80er Jahren schlossen sich Eltern zusammen, um ihre Kinder trotz der Betreuungsnotlage, die der Staat nicht ändern konnte oder wollte, unterzubringen. Heute nehmen Eltern, denen die mangelhaften staatlichen Regularien zu wenig Sicherheit in Qualitätsfragen bieten, den Kindergartenbetrieb lieber selbst in die Hand. Aber es gibt auch Mütter und Väter, die ihre sehr speziellen pädagogischen Ideen in den herkömmlichen Einrichtungen nicht verwirklicht sehen und deshalb selbst einen Kindergarten gründen.

Wurst

Wir wohnten damals am Stadtrand im Grünen. Luis besuchte vormittags eine Kindergruppe, betrieben von einer Elterninitiative. Alle vier Wochen gab es einen Elternabend, bisschen oft, dachte ich, sagte aber nichts. Nicht selten dauerte der Elternabend bis nachts um eins, bisschen spät, dachte ich, sagte aber nichts. Sind eben initiative Eltern, dachte ich, initiativer als ich.

Als eines Abends kein Elternabend war, saß ich um neun in der Küche, aß ein Wurstbrot. Das Telefon klingelte. Jörg, ein Vater aus der Elterninitiative und ihr Vorsitzender, wollte wissen, woher die Wurst auf dem Frühstückstisch der Kindergruppe gekommen sei.

»Weiß ich nicht«, sagte ich und schluckte leise mein Wurstbrot hinunter.

»Bist du nicht diese Woche für den Frühstückseinkauf zuständig?«, fragte Jörg.

Ja, sagte ich, aber Wurst hätte ich nicht gekauft.

Dann müsse er weiter recherchieren, sagte Jörg, die Kinder-

gärtnerinnen anrufen, andere Eltern. Er wolle nicht, dass die
Kinder Wurst äßen, werde das verhindern. Wurst sei schlecht
für Menschen. »Der Käse war von Tengelmann«, sagte er
scharf.

Ja, sagte ich.

»Nicht aus dem Ökoladen«, sagte er.

Nein, sagte ich.

»Aha«, sagte Jörg mit Kommissarstimme und legte auf. Ich
machte mir ein zweites Wurstbrot.[56]

Wir bezweifeln, dass Kinderläden oder Elterninitiativen bessere Kindergärten sind. Eine vermeintlich familiäre Atmo-
sphäre und eine überschaubare Struktur führen nicht zwangsläufig zu besserer Bildung und Betreuung. Nicht selten werden
Kinderläden von »basisdemokratischen« Kleinkriegen über
Details wie den richtigen Brotaufstrich, das Verbot von Mar-
kenspielzeug oder die Mülltrennung erschüttert. Häufig werden sie zum Tummelplatz für Laien-Unternehmer und sind
eher Elternläden, da die Kinder lediglich als Motivation für
diese Unternehmungen dienen.

Kinder haben ein Recht auf gute Bildung, das nicht von
Befindlichkeiten einzelner Personen abhängen darf. Es ist an
der Zeit, dass der Staat hier seine Verantwortung erkennt und
annimmt.

Wer zu Lasten von Eltern und Kindern spart, handelt
nicht nur verantwortungslos, sondern sorgt schon auf der ersten Stufe der Bildungsleiter für das Separieren in Klassen und
Schichten. Kleine, romantisch verklärte Kinderläden, die sich
nur dann finanziell tragen, wenn Eltern sich ausführlich beteiligen – sei es in Form von Kochdiensten, Putz- und Betreu-
ungsstunden oder zusätzlichen Gebühren, Umlagen oder

Spenden – entlasten das Staatssäckel. Bildungseinrichtungen sind sie selten. Viele Eltern sind angesichts des staatlichen Versagens in der frühkindlichen Bildung neuerdings davon überzeugt, dass sie es besser können. Schließlich haben sie es als Rechtsanwälte, Medienleute oder Ärzte zu etwas gebracht. Was sie im Mikrokosmos des Kinderladens meist wirklich handhaben, sind die Macht- und Steuerungsstrukturen, dem Vorbild von Industrieunternehmen entlehnt. Das tun sie mit mehr oder weniger Erfolg. Die inhaltlichen Belange eines Kindergartens berühren solche neuen Gründer wenig, denn das bisschen Betreuen und »Bilderbuch-Ansehen« kriegen die von ihnen engagierten Erzieherinnen schon hin.

So bildet sich ein Wildwuchs in der Kindergartenlandschaft, dessen Bandbreite – bescheidenes Ehrenamt, idealistische Mütterphantasien und Gewinnträume – kaum noch zu beschreiben ist. Nichts davon nützt Kindern, verbessert den Ruf des Berufsstands oder des Kindergartens. Es ist an der Zeit, mit diesem staatlichen Laisser-faire in Sachen frühe Bildung Schluss zu machen. Bildungs- und Betreuungsstrukturen müssen staatlichen Vorgaben folgen und vollständig staatlich finanziert werden.

Sicherlich gibt es in Deutschland auch viele gut geführte und pädagogisch erfolgreiche Elterninitiativ-Kindergärten. Wir möchten uns trotzdem gegen diese Form der Kinderbetreuung aussprechen, da wir es für unannehmbar halten, dass der Staat zu Lasten von Eltern Kinderbetreuungskosten spart. Die Auswirkungen des vor zwanzig Jahren sinnvollen Systems sind heute kaum noch zu überschauen.

Sparprogramm Tagespflege

Seit der letzten Legislaturperiode befassen sich Politiker verstärkt mit frühkindlichen Betreuungseinrichtungen. Mit diesem »Aufschwung« wurde ein weiteres Thema salonfähig: der Kindergarten oder die Krippe in der Light-Version – die Tagespflege.

»Tagespflege ist eine anerkannte Form der Kindertagesbetreuung, die für Kinder bis zum vollendeten dritten Lebensjahr auch rechtsanspruchserfüllend gemäß § 1 KitaG sein kann. [...] Gemäß § 43 Abs. 2 SGB VIII ist die Erlaubnis zur Kindertagespflege zu erteilen, wenn die Person zur Kindertagespflege geeignet ist. Geeignet sind Personen, die sich durch ihre Persönlichkeit, Sachkompetenz und Kooperationsbereitschaft mit Erziehungsberechtigten und anderen Tagespflegepersonen auszeichnen und über geeignete Räumlichkeiten verfügen.«[57]

Was wie ein Kompromiss mit konservativen Haus- und Herdverfechtern wirkt, hat einen handfesten Grund. Die Tagespflege kostet einen Bruchteil des Geldes, das ein Kindergartenplatz verschlingt.

»Im Jahr 2008 betrug der Nettoverdienst einer Tagesmutter im Land Brandenburg monatlich 334,07 Euro, wenn sie fünf Kinder 160 Stunden pro Monat betreut. Betreute eine Tagesmutter drei Kinder 160 Stunden pro Monat, kam sie auf einen Nettoverdienst von 237,50 Euro monatlich. Insgesamt beläuft sich die laufende Geldleistung derzeit – soweit dazu öffentliche Erkenntnisse vorliegen – zwischen knapp 2 Euro pro Kind und Stunde am unteren Ende und 5,50 Euro pro Kind und Stunde am oberen Ende der Skala. Die Differenz der Stundensätze bzw. monatlichen Tagespflegesätze variiert damit bundesweit erheblich.«[58]

Hinzu kommt: Die Ausbildungsdauer einer Tagesmutter beläuft sich auf 130 Stunden, während die berufsbegleitende Ausbildungsdauer bei einer Erzieherin mit 1200 Stunden angegeben wird.

Tagespflege ist ganz einfach: Es werden Frauen gebraucht, die bereit sind, in ihrem Haus, ihrer Wohnung bis zu fünf Kinder am Tag aufzunehmen. Zugangsvoraussetzungen gibt es nicht. Die Frauen müssen sich lediglich einer kurzen Schulung unterziehen – und schon kann es losgehen.

Die meisten Tagesmütter dürfen sich bei ihren Ehemännern krankenversichern lassen: »Tagespflegepersonen mit einem Einkommen von unter 360 Euro im Monat haben die Möglichkeit der Familienversicherung. Sie sind gehalten, diesen gesetzlichen Vorteil zu nutzen.«[59]

Viele Tagesmütter beziehen zusätzlich zu ihrem Entgelt Harzz IV, da das Einkommen aus der Betreuung der Kinder extrem niedrig ist. Tagesmutter zu sein, das heißt also, ohne eigene Krankenversicherung und Urlaubsansprüche einer Arbeit nachzugehen, die zwar hohe Anerkennung verdient, aber fundamental unterbezahlt ist. »Findet an mehr als insgesamt 25 Werktagen im Kalenderjahr eine Betreuung des Kindes zum Beispiel wegen Urlaub, Krankheit oder Fortbildung der Tagespflegeperson nicht statt, entfällt die laufende Geldleistung [...].«[60]

Manche Frauen sagen deshalb: »Wir kriegen Aufwandsentschädigung.«

Tatsache ist, dass viele Tagesmütter äußerst engagiert arbeiten. Dennoch ist Tagespflege ein Irrweg. Sie suggeriert den

Eltern zwar gute Kinderbetreuung, muss aber notgedrungen
von den Qualitätsvorgaben abweichen.

Die Politik drückt sich so um die Schaffung wirklicher
und damit kostenintensiverer Kinderbetreuungsplätze, vernachlässigt also ihren Auftrag, jedem Kind gleichwertige Bildung und Betreuung zukommen zu lassen. Es ist doch absurd
anzunehmen, jedermann könne sich in 130 Stunden dafür
»qualifizieren«, Kinder zu fördern und zu begleiten. Dennoch behauptet die Politik, dass Tagespflege eine angemessene Alternative zum Kindergarten sei: »Vielerorts ist die
Kindertagespflege als Teil eines umfassenden Betreuungsan-
gebotes nicht mehr wegzudenken. Eltern erhalten mit diesem
Angebot eine weitere Möglichkeit, für sich und ihre Kinder
die Betreuungsform zu wählen, die ihren Wünschen entspricht.«[61]

Um wessen Wünsche geht es hier eigentlich? Um die der
Eltern und Kinder? Oder um den Wunsch der Politik, Geld auf
Kosten der Kinder, Eltern und Tagesmütter zu sparen?

Kinder betreuen sollte nur, wer ausgebildete Erzieherin
ist. Schon diese Berufsgruppe verdient zu wenig, gemessen an
der Leistung, die sie für die Gesellschaft erbringt. Die schlei-
chende Etablierung der Kindergarten-Light-Version sorgt für
zusätzliches Lohndumping im Bildungs- und Betreuungsbe-
reich. So wird die Tagespflege – ohne dass ihre Vertreterinnen
das wollen – zu einem staatlich geförderten Preis- und Niveau-
brecher. Sie macht dem Kindergarten Konkurrenz und zeigt,
dass es angeblich auch ganz billig geht.

Die Tagespflege wird, setzt man politisch weiterhin auf
sie, den gesamten Sektor verändern. Denn in Gemeinden und
Städten sieht man den Bedarf an Betreuungsplätzen durch Ta-

gesmütter abgedeckt. Damit wird die Schaffung von Betreuungsplätzen in Kindergärten in solchen Regionen obsolet.
Es kann gar nicht oft genug gesagt werden: Kinder brauchen richtige Kindergärten, mit Erzieherinnen, hohen Bildungsstandards, Qualitätsvorgaben, Kontrollen und vor allem mit ausreichend Geld. Erzieherinnen brauchen eine gute Ausbildung.

Natürlich ist nichts dagegen einzuwenden, dass eine Erzieherin nur fünf Kinder in einem kleinen Rahmen betreut und fördert. Für manche Kinder kann dies sinnvoll oder notwendig sein. Aber dann bitte zu den gleichen finanziellen Konditionen, im gleichen gesetzlichen Rahmen und mit den gleichen staatlichen Kontrollen wie der Kindergarten um die Ecke.

Der Betriebskindergarten

Die Hilflosigkeit der Politik und die Sinnkrise der Pädagogik beförderten eine weitere Initiative: die Betriebskindergärten. Nicht nur, dass Vorstände von Unternehmen den Mangel an Betreuungsplätzen erkennen und nach eigenen Lösungen suchen – es geht auch um die Qualität der Betreuung, die in den staatlichen Kindergärten nicht den Erwartungen der Arbeitnehmer entspricht. Das lässt sich nachvollziehen, aber: Der Bund der Deutschen Wirtschaft fordert den rund um die Uhr geöffneten Kindergarten. Kinderbetreuung soll sich nach den Flexibilisierungsmodellen des globalen Arbeitsmarkts richten, nicht nach den Bedürfnissen der Kinder.

»Schon Babys ab acht Wochen können bei Bedarf aufgenommen werden. Zu den Besonderheiten der Einrichtung zählen die Öffnungszeiten von 7:30 Uhr bis 19:30 Uhr, die auf die Bedürfnisse berufstätiger Eltern zugeschnitten sind, und die Tatsache, dass die Betriebskindergärten nur am Wochenende und an gesetzlichen Feiertagen geschlossen werden. Selbst von den Schulferien sind sie nicht betroffen. Dr. Mathias Döpfner, Vorstandschef der Axel Springer AG, lobte sie als ›große Erleichterung für die Frauen in unserem Unternehmen‹ und hob hervor, dass zum Angebot bereits spielerischer Englischunterricht gehört. Zudem werden die Kinder mit Experimentiermöglichkeiten an die Naturwissenschaften herangeführt.«[62]

Sitzt die sonst so auf Effektivität und Gewinn bedachte Wirtschaft hier etwa einem Mythos auf? Da finanziert ein großer Verlag in Berlin einen Kindergarten, lobt lange Öffnungszeiten und wenig Schließtage. Kennen die Verantwortlichen das Berliner Kindergartengesetz nicht? Schließtage sind in der Berliner Kindergartenlandschaft längst Geschichte und lange Öffnungszeiten für jeden Kindergarten normal – ob privat oder kommunal betrieben.

Ist es wirklich so, dass Eltern ihre Kinder mit zur Arbeit nehmen, um sie im Nachbarbüro oder auf dem Firmengelände gut betreut zu wissen, statt sie in Wohnortnähe in den Kindergarten zu bringen? Verständlich wäre eine solche unternehmerische Aktivität dort, wo Notstand an Betreuungsangeboten herrscht, zum Beispiel nach wie vor in Süddeutschland.

Allerdings entlässt auch dieses Modell der Betreuung den Staat aus seiner Verantwortung.

Was bewegt Unternehmen dann dazu, den Kindergarten aufs Firmengelände zu holen und ihn so unter die eigene Kontrolle zu bringen? Wir vermuten, dass dieses Vorgehen dem

zunehmend schwindenden Vertrauen in die bildungspolitische Kompetenz des Staates geschuldet ist. Unternehmen können nicht wirklich sicher sein, dass der Staat seine Kindergärten finanziell noch lange trägt. Ein Kindergartengesetz lässt
sich von staatlicher Seite schnell ändern. Außerdem besteht
die Gefahr, dass die finanziellen Bedürfnisse der Länder und
Kommunen eher berücksichtigt werden als die Interessen und
Notwendigkeiten der Arbeitnehmer.

Doch es sind nicht nur finanzielle Unsicherheiten, denen ein staatlich gesteuertes System ausgesetzt ist. Es sind
vor allem die inhaltlichen Parameter, die der Staat in den
Augen Dritter nicht ausreichend zu gewährleisten vermag. Die
Betreuungsqualität in den Kindergärten wird bis heute nicht
in notwendigem Maße überwacht. Dazu fehlen dem Staat
schlichtweg die Instrumente. Kein Wunder also, wenn Unternehmen, die es sich leisten können, den Kindergarten in ihre
Strukturen integrieren, um Qualitätsstandards und Kontinui-
tät zu sichern.

Viele Firmen erproben übrigens zurzeit, ob die Dienstleis-
tung Kindergarten nicht doch eine lukrative Einnahmequelle
sein könnte. Denn was der Staat mehr schlecht als recht
bewältigt, kann eine Firma, die über Controlling, Qualitäts-
management und Marktanalysen verfügt, sicher besser.

Es ist ein Grund zur Skepsis, wenn Politiker die Kinder-
garteninitiativen der Konzerne begrüßen und sie finanziell
unterstützen, denn sie geben damit nicht nur Verantwortung,
sondern auch wichtige Steuerungsinstrumente ab.

Und das mit großen Folgen. Erstens sind wirtschaftliche
Standards keine geeigneten Grundlagen für gute Kindergartenpädagogik. Zwar muss ein Kindergarten wirtschaftlich be-

trieben werden, aber seine Inhalte sollten den Bedürfnissen der Kinder entsprechen. Und zweitens ist der Flexibilitätsansatz, an dem Firmen ihren Arbeitskräfteeinsatz messen, nichts für den Kindergarten. Schon gar nicht, wenn man den Bildungsauftrag ernst nimmt.

Hinzu kommt, dass die Qualität der Kinderbetreuung noch stärker als jetzt vom beruflichen Status der Eltern abhängen wird.

Wir verstehen und begrüßen das Engagement von Unternehmen für die Bildung und Betreuung der Kinder. Allerdings muss auch der Betriebskindergarten die allgemeingültigen Anforderungen erfüllen, besonders was die Finanzierung, das Personal und die Qualität anbelangt. Gelingt das, ist ein Betriebskindergarten nichts anderes als ein normaler Kindergarten.

Forderungen an die Bildungspolitik

Der Zustand der Bildungspolitik – Widersprüche, Umgehungsstrategien, Ausweichmanöver und gebrochene Wahlversprechen – ist beklagenswert. Diskussionen darüber, welchen Zwängen die Politik unterliegt und welche finanziellen Engpässe zu meistern sind, sind zur Genüge geführt worden. Es ist an der Zeit, alle Kraft dafür einzusetzen, anstehende Herausforderungen endlich zu bewältigen und jedem Kind in Deutschland angemessene Förderung in einem guten Kindergarten zu garantieren.

Von einer Bildungspolitik, die ihren Namen verdient, fordern wir:

Jedes Kind braucht einen guten Kindergartenplatz.

• Die OECD sagt seit langem: Die unterste Stufe der Bildungsleiter muss am besten finanziert werden. Wir fordern deshalb: Großes Geld für kleine Leute!

• Der Ausbau der Kindertagesbetreuungsplätze muss endlich bundesweit entsprechend des tatsächlichen Bedarfs der Familien realisiert werden. Die Zeit drängt. Wir fordern deshalb für jedes Kind ab dem ersten Lebensjahr einen Kindergartenplatz.

• Diese Garantie muss gesetzlich festgeschrieben werden. Den Kommunen, die dieses Versprechen nicht halten, sollten harte Konsequenzen drohen.

• Kommunen, die das Vorhaben umsetzen, brauchen Anreize. Wir fordern, dass sie einen Anteil des Geldes erhalten, das jedem Kind für seinen Kindergartenplatz aus dem Steuersäckel zusteht.

• Wir fordern die Einführung einer flexiblen Bedarfsplanung und von Finanzierungsstrukturen, die dies ermöglichen.

Jedes Kind hat ein Recht auf gute Bildung.

• Wir fordern, umgehend bundeseinheitliche Qualitätsstandards für den Kindergarten zu schaffen.

• Wir fordern den Umbau des Finanzierungssystems: Jedes Kind bringt das ihm für die entsprechende Bildungsstufe zustehende Geld mit. Damit verfügen alle Bildungsinstitutionen über die gleiche Summe pro Kind. So werden lokale, soziale und organisationsbedingte Finanzierungsunterschiede ausgeschlossen, und Qualitätskontrollen sind möglich.

• Wir fordern, staatlich finanzierte und organisierte Unterstützungsstrukturen für Kindergärten zu schaffen, zum

Beispiel: Personalentwicklung, Fachanleitung, Vertretungspool.

* Wir fordern die 100-prozentige Finanzierung sämtlicher Kindergartenkosten, damit es in den Einrichtungen nicht zu finanzbedingten Qualitätsabstrichen kommt.

Eltern haben das Recht auf eine stabile Bildungspolitik.

* Wir fordern eine verantwortungsbewusste Diskursführung, die Eltern Sicherheit gibt und Vertrauen aufbaut.
* Wir fordern: Das Recht auf einen Kindergartenplatz muss von der Arbeitszeit der Eltern und ihrem Einkommen unabhängig sein.

Erzieherinnen sind die wichtigste Ressource für die Kindergartenpolitik.

* Wir fordern eine bundesweit geregelte Ausbildung, die theoretisch und praktisch hervorragend auf den Beruf vorbereitet.
* Wir fordern die angemessene Bezahlung aller im Bildungssystem tätigen Menschen.
* Wir fordern bedarfsgerechte Ausbildung, so dass ausreichend Erzieherinnen für den Arbeitsmarkt bereitstehen.
* Wir fordern, reale Karrieremöglichkeiten für Erzieherinnen zu schaffen.
* Wir fordern Anerkennung für diesen schweren Beruf.

Ratschläge für Bildungspolitiker:

* Beauftragen Sie nur Menschen mit Lösungsvorschlägen für Bildungsfragen, die Ahnung davon haben.
* Versprechen Sie nichts, was Sie nicht halten können.

- Wenn Sie etwas versprechen: Sagen Sie konkret, wann, mit wem, wo und wie viel Sie umsetzen werden.
- Gehen Sie davon aus, dass der anstrengende Weg oft der erfolgreiche ist und dass die radikale Lösung oft nachhaltiger wirkt als diplomatische Flickschusterei.

6. Kapitel

Der Kindergarten ist veränderbar –
Drei Forderungen

»Das Leben bildet, und das bildende Leben ist nicht Sache des Wortes,
es ist Sache der Tat.«
Pestalozzi

Die Veränderung des Kindergartens ist eine gesamtgesellschaftliche Aufgabe, der wir uns stellen müssen. Sie ist lösbar,
wenn man sie grundlegend angeht und sich vom Althergebrachten trennt.

Gerade weil es so viele Baustellen gibt, die einander behindern, ist es nötig, die Ziele der Veränderung vorab zu definieren. Denn wer nicht weiß, wohin er gelangen will, kann nicht
erwarten, irgendwann anzukommen. Die Verantwortung für
diese Veränderung tragen nicht nur die im und am Kindergarten aktiv Beteiligten: Pädagogen, Eltern und Bildungspolitiker. Denn wie eine Gesellschaft aufgestellt ist, welche Werte
ihre Mitglieder teilen und welche Leistungen die Gemeinschaft erbringt, das ist zu weiten Teilen Resultat der Bildung,
die sie den Menschen angedeihen lässt.

Aus unserer Sicht sind drei Ziele für die erfolgreich verlaufende Veränderung des Kindergartens maßgeblich:

Erstens: Zwingend erforderlich ist ein einheitlicher Bildungsplan für alle Kindergärten in allen Bundesländern und
ein durchgängiges Curriculum für alle Bildungsstufen, das in
der Krippe beginnt und das lebenslange Lernen der Menschen
begleitet – über Abitur und Studium hinaus.

Zweitens: In Deutschland muss man sich auf eine verbindliche Werthaltung gegenüber Kindern einigen. Nur dann kann ein gemeinsam getragenes, bundesweit einheitliches Bild vom Kind als Grundlage für die Neubestimmung der Inhalte und Rahmenbedingungen institutioneller und außerinstitutioneller Erziehungs- und Bildungsprozesse dienen.

Drittens: Die Gesellschaft muss den an der Erziehung und Bildung beteiligten Menschen – insbesondere den Erzieherinnen und Eltern – Anerkennung zollen. Die Achtung des Berufs der Erzieherinnen und des Kindergartens darf nicht »ideell« bleiben, sondern muss sich an Fakten wie Ausbildung, Finanzierung und Würdigung der Leistungen messen lassen.

Erste Forderung: Ein bundesweit einheitlicher Kindergarten-Bildungsplan

Die staatlichen Bildungsinstitutionen sind in Stufen zergliedert und agieren eigenständig. Ob Krippe, Kindergarten, Grundschule oder weiterführende Schule – jede Stufe definiert eigene Werthaltungen und praktiziert eigene Vorgehensweisen, folgt eigenen Grundüberzeugungen und Handlungsplänen. Dies erschwert die notwendige Anschlussfähigkeit der Institutionen.

Besonders deutlich wird dieser Missstand beim Übergang vom Kindergarten in die Schule. Geht man im Kindergarten vom Bild des forschenden und sich spielerisch die Welt aneignenden Kindes aus, ist die Schule durch den Glauben an Wissensvermittlung, Disziplin, Fleiß und Benotung geprägt. Der Ernst des Lebens beginnt in der Schule, heißt es. Dabei ist es längst kein Geheimnis mehr, dass grundlegende Kompetenzen und elementares Wissen im Krippen- und Kindergartenalter erworben werden.

Moderne Kindergärten sehen das Kind als Akteur und Gestalter seiner Bildungsbiographie und folgen damit fortschrittlichen pädagogischen Konzeptionen. In der Schule hingegen kehrt sich das Bild um: Das Kind ist zur Passivität verdammt. Es muss stillsitzen, zuhören und vorgegebene Aufgaben erledigen. Aktiv hingegen ist der Lehrer, der das Kind »beschult« und dessen Wissenszuwachs mittels verschiedener Regularien bestimmt. Folglich ist von den Bedürfnissen des Kindes in Schulgesetzen kaum die Rede: »Jede Schule gestaltet und organisiert im Rahmen der staatlichen Verantwortung und der Rechts- und Verwaltungsvorschriften den Unterricht, die Erziehung, das Schulleben sowie ihre personellen und sachlichen Angelegenheiten selbständig und in eigener Verantwortung.«[63]

Berlin ist kein Sonderfall – in vielen bundesdeutschen Schulgesetzen steht der Gestaltungsauftrag der Schule im Vordergrund. Anders gesagt: Das Kind hat sich in seinen Wünschen und Bedürfnissen dem Rahmen zu beugen, den die Schule vorgibt. In Kindergartengesetzen hingegen wird die kindliche Individualität betont: »Die Förderung in der Tageseinrichtung hat die individuellen Bedürfnisse und das jeweilige Lebensumfeld des Kindes und seiner Familie zu berücksichtigen. Die Kinder sollen darin unterstützt werden, ihre motorischen, kognitiven, sozialen und musischen Fähigkeiten zu erproben und zu entwickeln und ihre Lebenswelt außerhalb der Tageseinrichtung zu erkunden. Die Förderung des Erwerbs der deutschen Sprache ist ein Bestandteil des vorschulischen Bildungsauftrags, der in den Tageseinrichtungen verfolgt wird.«[64]

Dass der Übergang vom Kindergarten in die Schule Kinder verstört und Eltern verunsichert, ist allgemein bekannt und wird landesweit beklagt. Doch der Bruch zwischen den Bildungsinstitutionen ist gesetzlich verankert.

Viele Pädagogen haben zwar längst erkannt, wie wichtig es ist, bei allen Bildungsbemühungen von der Individualität des Kindes auszugehen. Aber die Gesetze und der daraus resultierende institutionelle Rahmen erscheinen so übermächtig, dass sie meinen, daran nichts ändern zu können.

Obwohl Gesetze ebenso wenig ehern und unveränderbar sind wie das gesellschaftliche Leben, das sie regeln – an der Situation in Deutschland wird sich nichts ändern, wenn man sich nicht zu einem durchgängigen Bildungscurriculum durchringt und alle Bildungsstufen mit einem einheitlichen Bild vom Kind, einer einheitlichen Werthaltung und einem einheitlichen Ziel versieht. Dazu ist es erforderlich, den gesetzlichen Rahmen grundlegend zu verändern.

Es sind jedoch nicht nur die Brüche auf dem Weg durch die Bildungsinstitutionen, die das bildungspolitische Umdenken verhindern. Der Bildungsföderalismus, der die deutschlandweite Uneinigkeit darüber abbildet, was Kinder lernen und wie sie es lernen sollen, ist ein weiteres Hindernis, das es abzuschaffen gilt.

Der Föderalismus mag eine Errungenschaft der Bundesrepublik sein, und es mag gute Gründe geben, dass die Länder über viele Fragen selbst entscheiden wollen. Doch wenn es um Bildung geht, muss bundesweit entschieden werden. Trotzdem wurden die Kompetenzen der Länder im Hinblick auf die Ausgestaltung des Bildungssystems in der aktuellen Föderalismusreform sogar noch erweitert. Das war ein schwerer Fehler.

Obwohl die Globalisierung voranschreitet, baut Deutschland Grenzen auf. Landesfürsten pochen auf die Eigenständigkeit ihrer Reiche. Dies wirkt sich nicht zuletzt drastisch auf das Bildungssystem aus und führt zu absurden Situationen.

So bekommen Eltern in Berlin vergleichsweise leicht einen Kindergartenplatz. Was aber, wenn sie der Arbeit wegen nach München ziehen müssen? Nicht selten muss eine Mutter oder ein Vater dann zu Hause bleiben, da es keinen Kindergartenplatz gibt. Noch schlimmer ergeht es dem Kind: Es muss auf Spielkameraden verzichten und seine Lernwelt auf den häuslichen Rahmen beschränken. Der Versorgungsgrad mit Kindergartenplätzen, den Berliner Politiker für angemessen halten, ist für Münchner Stadträte kein Maßstab.

Wieso dürfen Stadt- und Landesherren über die Lebensqualität und die Bildungsmöglichkeiten von Generationen entscheiden? Selbst wenn sich seit der Einführung des Rechtsanspruchs auf einen Kindergartenplatz für Kinder ab drei Jahren einiges getan hat, die Unterschiede in den Bundesländern sind dennoch beträchtlich. Hinzu kommen die qualitativen Differenzen, die sich aus den von Bundesland zu Bundesland unterschiedlichen Bildungsplänen für den Kindergarten ergeben.[65]

Nicht nur die Brüche zwischen den einzelnen Bildungsinstitutionen und die Widersprüche, die aus den diversen Bildungsplänen resultieren, behindern das Aufwachsen von Kindern in einer globalisierten Welt. Der Verzicht auf eine bundeseinheitliche Kindergarten-Gesetzgebung mit einheitlichen

Ausführungsvorschriften sorgt dafür, dass die Qualität der Kindergärten von Kommune zu Kommune stark differiert. Jedes Bundesland verfügt in seinem Kindergarten-Gesetz über andere Regeln, und die Kommunen legen die Gesetze unterschiedlich aus. Die Konsequenzen aus dieser kafkaesken Situation sind für alle spürbar: Es gibt regional unterschiedliche Betreuungszeiten, verschiedene Kosten- und Finanzierungsstandards, verschiedene Richtlinien für die Ausstattung und den Personalschlüssel. Ebenso unterschiedlich sind die Vorgaben dafür, ob und auf welche Weise im Kindergarten Entwicklungs- und Bildungsdokumentationen zu führen sind. Ob die Kinder eine gute und ihrer Entwicklung förderliche Zeit im Kindergarten haben, hängt also zu weiten Teilen vom Wohnort ab.

Möchte man den Kindern mobiler Eltern wirklich zumuten, ständig mit neuen Bildungs- und Entwicklungsdokumentationen zu beginnen, weil die Vorgaben an jedem Wohnort anders sind?

Obwohl sich spätestens seit PISA alle einig sind, dass Bildungschancen nicht von der Zugehörigkeit zu einer sozialen Gruppe oder der Herkunft abhängen dürfen – die kommunale Kindergartenpolitik macht den Bildungserfolg unmittelbar von der finanziellen Kraft und den Werthaltungen der Kommunen abhängig. Wird dieser Zustand nicht schnellstens geändert, verstärkt sich die Segregation von Arm und Reich, die niemand will.

Bedenkt man, dass Erzieherinnen konsequent bundeslandspezifisch ausgebildet werden müssten, wenn man am bisherigen System festhalten will, wird es ganz und gar absurd: Wer im Saarland ausgebildet wird, kann nur im Saarland arbeiten.

Das Ziel ist das Kind, nicht die Institution

Eine weitere Frage stellt sich, sobald man die Perspektive wechselt und über die Anforderungen an die nachwachsende Generation nachdenkt. Sie müssten der Ausgangspunkt aller Überlegungen sein. Doch statt sich zu fragen, was das Ziel von Erziehung und Bildung ist, was Kinder wirklich brauchen, fragt man, was man den Institutionen Kindergarten und Schule noch zumuten kann. Der Umfang oder Rahmen jeder möglichen Reform wird von der Zumutbarkeit abhängig gemacht, nicht von dem Ziel, das man erreichen könnte.

Sind Kindergarten und Schule überhaupt noch die einzige Antwort auf die Frage nach einer guten Bildung und Entwicklungsförderung für unsere Kinder? Mit Sicherheit nicht. Es geht nämlich nicht um den Zustand von Schulen und Kindergärten, um ihre qualitativen und quantitativen Parameter. Es geht um die Kinder und darum, dass sie mit dem richtigen Rüstzeug in die Zukunft starten können. Als Erwachsene werden sie sich später in einem Lebensumfeld bewegen, das wir heute weder kennen noch beschreiben können. Dennoch müssen Menschen, die für Kinder verantwortlich sind, in der Lage sein, die Zukunft ein wenig vorauszusehen.

Leider blicken viele Politiker, Pädagogen und Eltern zwanghaft in die Vergangenheit: »Das haben wir schon immer so gemacht. Das war früher auch schon so.« Es scheint, als vermittle dies Sicherheit. Vor dem Hintergrund einer zunehmend als unsicher empfundenen Welt ist das Bedürfnis nach Sicherheit zwar verständlich, doch verklärt der Blick die Vergangenheit, und die erinnerte Kindheit der heutigen Erwachsenen wird zum Maßstab für die Gegenwart und Zukunft der Kinder. Was die Generation der Eltern in ihrer Kinderzeit erlebte, deckt sich aber nicht mit der Gegenwart heutiger Kinder, auch wenn die pädagogischen Institutionen als verbindende Glieder fungieren. Schule und Kindergarten prägten das großelterliche und elterliche Bild von Kindheit. Dies mag ein Grund dafür sein, warum die meisten Menschen den Sinn und Nutzen dieser Institutionen nicht in Frage stellen.

Versucht man, sich das Leben in zwanzig Jahren vorzustellen und daraus abzuleiten, welche Fähigkeiten die Kinder benötigen, die dann erwachsen sind, könnte man das Ziel heutiger Bildungsprozesse klar definieren. Ausgehend von diesem Ziel lassen sich die Methoden und Wege festlegen, auf denen es erreicht werden kann. Wenn das geklärt ist, muss die Frage nach der Eignung der Institutionen neu gestellt und beantwortet werden: Eignen sich die Institutionen, wie sie aktuell beschaffen sind, um das Ziel zu erreichen? Passen sie zu dem Weg und den Methoden, auf die man sich geeinigt hat?

Leider verzichtet man darauf, Bildungsreformen in solcher Weise konsequent zu Ende zu denken, und die Institutionen bleiben unantastbare Säulen des Bildungssystems. »Reformen« sind nur mit ihnen denkbar.

Personalwechsel

Rosi ist schon viele Jahre Kindergartenleiterin. Sie macht sich Sorgen, denn seit einiger Zeit kündigen immer wieder Erzieherinnen, und die jungen Frauen, die Rosi einstellt, bleiben auch nicht lange. Die Leiterin fragt sich, woran das liegt: an ihr und ihrem Führungsstil, am Team oder an den Arbeitsbedingungen im Kindergarten?

Bei der nächsten Kündigung fragt Rosi nach. Von der Antwort ist sie überrascht: Die Erzieherin fühlt sich im Team wohl und ist mit der Einrichtung zufrieden. Sie geht, weil sie etwas Neues erleben, andere Kindergärten und Konzepte kennenlernen möchte.

Am nächsten Tag findet Rosi einen Brief der Eltern vor. Darin heißt es:

»Liebe Frau S.,

wir Eltern stellen in letzter Zeit einen für unsere Kinder schädlichen Personalwechsel im Kindergarten fest. Wir bitten Sie, einen Elternabend einzuberufen, an dem wir darüber sprechen wollen, wie wir Ihnen helfen können, dieses Problem zu lösen …«

Kindergärtnerinnen haben die Mobilität entdeckt. Statt wie früher ihrem Job auf einem »hoffentlich« festen Arbeitsplatz nachzugehen, wollen auch sie mehrere Möglichkeiten ausprobieren.

Die Institution Kindergarten hingegen setzt auf Stabilität. In den Köpfen klebt der Mythos, Kinder würden einen Wechsel der Bezugspersonen nicht gut vertragen. Deshalb gilt als Qualitätsmerkmal: Das Personal war immer da und wird für immer bleiben. Leiterinnen, in deren Einrichtungen das Personal wechselt, müssen sich Vorwürfe anhören, Eltern wechseln die Einrichtung – und verhelfen ihren Kindern damit unbewusst zu mehr Mobilität. Es ist schon paradox, dass sie ihre Kinder auf die globale Welt vorbereiten wollen, aber glauben, dass der Wechsel der Bezugserzieherin einen mittelschweren Schaden bei den Kindern hinterließe. Noch paradoxer ist die Folge: Sie nehmen aus Frustration ihr Kind aus dem stabilen Betreuungsrahmen.

Wir müssen umdenken: Die Bildungsinstitutionen, sei es der Kindergarten oder die Schule, sind keine Garanten für einen der Zukunft angemessenen Kompetenzerwerb. Allein ihre Existenz garantiert den Bildungserfolg nicht. Diese Institutionen, vor allem der Kindergarten, müssen neu gedacht werden.

Der Kindergarten als Basis flexibler Bildungssysteme

Das Bildungssystem sollte die Aufgabe haben, sich so flexibel und aktuell zu halten, dass es jungen Menschen wirklich Hilfestellung beim Aufwachsen und beim Übergang in die Erwachsenenwelt bieten kann. Ein System jedoch, das stets zuerst die Belange der Institutionen betrachtet und die Bildungsbiographien der Kinder dahinter zurückstellt, ist nicht zukunftsfähig. Wer an den Institutionen und ihren Rahmenbedingungen festhält, blockiert Vorstellungen über zeitgemäße Formen des Aufwachsens und Lernens, mit denen es gelingen könnte, jedes Kind darin zu unterstützen, seine Chancen aktiv zu nutzen. Jedes Kind braucht Werkzeug, um seine Stärken zu erkennen und daran anzuknüpfen, so dass es – unabhängig von formalen Schul- und Universitätsabschlüssen – einen seinen Kompetenzen entsprechenden Platz in der Gesellschaft finden kann.

Das wären Forderungen, die die Zukunft an die Bildung von heute hat. Doch wenn Gruppengrößen, Erzieherschlüssel und Ausstattungsvorgaben die individuelle Entwicklungsförderung der Kinder verhindern, wenn Gewerkschaften und Berufsverbände an alten Pfründen festhalten, statt für Flexibilisierung der Arbeitszeit und der Arbeitsmethoden einzutreten, die das individuelle Eingehen auf jedes Kind erfordert, wird natürlich nichts daraus. Es ist an der Zeit zu fragen, wo und mit wem die Kinder von heute lernen können, was sie für die Zukunft brauchen.

Zweite Forderung: Ein Bild vom Kind für alle

Ohne gemeinsam geteilte Werte haben Reformen keinen Sinn. Ziel aller bildungspolitischen Bemühungen muss es daher sein, einen für alle Bildungsstufen verbindlichen Wertegrund zu schaffen, der die Individualität des Kindes in den Mittelpunkt stellt, seine Kompetenzen anerkennt und auf seine Stärken setzt.

Die aktuellen gesellschaftlichen Veränderungen zwingen uns, unseren Umgang mit den Kindern zu überdenken. Kindergärten und Schulen, in denen Bildungsmethoden gepflegt werden, die immer noch darauf zielen, einen Stoff zu lernen, statt Sinn, Inhalt und Zusammenhänge zu verstehen, scheiden aus. So gut die Idee vom »Bildungskindergarten« gemeint sein mag – sie taugt nichts, denn unter Bildung im Kindergarten wird ein Vorgriff aufs Schulleben verstanden: Die Kinder lernen Zahlenreihen auswendig und absolvieren Schwungübungen, um sich auf die Schreibübungen in der ersten Klasse vorzubereiten, oder ertränken als »kleine Forscher« Gummibärchen in Wasserschüsseln. Schuld sind die Bilder: Das spielende Kind des Kindergartens wird gegen das lernende Kind der Schule ausgespielt. Da ist es kein Wunder, dass man im Bildungskindergarten Schule spielt.

Mit Stärken lernen

Menschen lernen, indem sie Erfahrungen machen. Das gilt für kleine Kinder ganz besonders, ist aber auch bei Erwachsenen noch so. Und niemand wird sich in einem Bildungssystem gut entwickeln, das nach Schwächen sucht, um sie beseitigen zu können. Ein Mensch jedoch, der seine Stärken kennt, kann sie nutzen, um Hindernisse zu überwinden, Selbstvertrauen und Stabilität zu gewinnen, um erfolgreich zu sein.

Wer auf Stärken setzt, muss allerdings bereit sein, all das, was bisher als auffällig, unangepasst oder gar als Schwäche galt – Kreativität, Verhaltensoriginalität und Bewegungsdrang –, ab sofort als Stärke zu betrachten.

Verhängnis Bildungshierarchie

Wir haben uns in Deutschland an vieles gewöhnt, auch an die Bildungshierarchie, die Menschen zwingt, Abschlüsse zu ergattern, und sie davon ablenkt, Fähigkeiten und Kompetenzen zu erwerben, die für den persönlichen Erfolg nötig sind. Abschlüsse sind immer weniger Garant für ein erfolgreiches Leben – insbesondere, wenn sie eine untere Stufe der Bildungsleiter belegen.

Sinnlos, wenn auch üblich, ist das Sortieren der Kinder nach zweifelhaften »Leistungsniveaus«. Unsere Gesellschaft kann es sich gar nicht leisten, auf die Einbindung der Fähigkeiten und Potenziale der Menschen zu verzichten. Trotzdem wird schon im Kindergarten mit dem Aussortieren begonnen.

Die Werthaltungen in der Bildung fahren Achterbahn: Heute ist straffes Lernen in, morgen Laisser-faire. Selbständigkeit heißt plötzlich, dass Kinder allein agieren. Und der Begriff Respekt beinhaltet auf einmal die Abwesenheit von Regeln und Grenzen. Wie ein Pendel schwankt das System von einem Extrem zum anderen. Man staunt, wie leicht Eltern und Pädagogen ihr Wissen darüber, was richtig wäre, vergessen.

Schön wäre, wenn der Umgang mit Kindern sich normalisieren würde, weil Eltern und Pädagogen ihre menschlichen Stärken und Schwächen nicht verstecken, sondern Kindern ein deren Alter angemessenes Gegenüber sind. Die gründliche Erneuerung unserer Haltung gegenüber Kindern und Heranwachsenden liefert die Basis für eine Bildungsreform.

Falsch verstandene Freiheit

In Deutschland wird Freiheit oft absolut verstanden. Im Endeffekt bedeutet das, dass derjenige, der Freiheit für sich in Anspruch nimmt, von Verantwortung und der Notwendigkeit frei ist, sich in die Gesellschaft einzuordnen. Kurz: Er kann tun und lassen, was er will – unabhängig von bestehenden Regeln, ungeachtet gesellschaftlicher Werte und Normen. Die pädagogischen Konsequenzen dieses Missverständnisses werden seit den sechziger Jahren mal mehr, mal weniger heftig diskutiert.

In der Erziehung hat die Idee der absoluten Freiheit nichts zu suchen. Sie verklärt oder verzerrt die Perspektive auf die kindliche Entwicklung und auf Kindheit im Allgemeinen.

Was für eine romantisch-verschrobene Vorstellung: Kinder sollen frei sein, aus sich selbst heraus heranwachsen und sich selbst bilden. Um sie dabei nicht zu stören, möchte man ihnen nicht zu viele Regeln und Grenzen zumuten. Man betont informelles Lernen und lehnt formelles Lernen konsequent ab.

Das Ziel, so hört man Eltern und Pädagogen manchmal schwärmen, sei der Weg. Doch das ist ein Trugschluss. Für uns bedeutet Freiheit: Freiheit in Verantwortung. Dieses Prinzip beinhaltet, dass ein gemeinsamer Rahmen benötigt wird, in dem sich Freiheit entfalten kann. Dieser Rahmen braucht klare Regeln und deutlich abgesteckte Grenzen, andernfalls endet Freiheit in Willkür und Chaos.

Klare Regeln behindern die Entfaltung und Entwicklung der kindlichen Persönlichkeit nicht. Keineswegs schränkt man die Individualität der Kinder ein, wenn man ihnen deutliche Grenzen setzt und deren Einhaltung konsequent fordert.

Kinder entwickeln ihre Persönlichkeit in der Auseinandersetzung mit Erwachsenen. Ihre Individualität kann sich nur im konfliktreichen Wechselspiel mit der sozialen Gemeinschaft ausprägen. Heranwachsende brauchen feste Vereinbarungen und haben das Recht zu erfahren, was von ihnen erwartet wird. Sie brauchen Eltern und Pädagogen, die imstande sind zu sagen: »Bis hierhin und nicht weiter.«

Es ist die Pflicht der Erwachsenen, Kindern die für ihre Entwicklung unabdingbare Sicherheit zu vermitteln, indem sie ihnen spiegeln, was sie können, und indem sie ihnen aufzeigen, welche Herausforderungen vor ihnen liegen.

Der konstruktivistisch gefärbte Traum vom sich selbst bildenden und entwickelnden Kind führt in eine Sackgasse. Wer glaubt, dass Kinder ganz von sich aus lernen und früher oder später selbst herausfinden, was richtig und was falsch ist, handelt fahrlässig. Das haben wir im Elternkapitel an einigen Beispielen beschrieben.

Menschen sind soziale Wesen, und die soziale Gemeinschaft lebt nun einmal von fest vereinbarten Regeln, die für alle gleichermaßen gelten und deren Einhaltung von allen eingefordert wird.

Alltagsstrukturen, Abläufe und Rituale sollten im Sinne der Kinder so gestaltet sein, dass sie die Einhaltung der Regeln fördern. Das gilt für die Institution des Kindergartens ebenso wie für die elterliche Erziehung.

Kreativität entsteht durch die Reibung des einzelnen Menschen an den für die Gemeinschaft notwendigen Grenzen und Regeln. Ohne sie läuft kreatives Tun ins Leere.

Um nicht missverstanden zu werden: Denen, die schon immer postulierten, dass es ohne strenge Regeln, Disziplin und Folgsamkeit nicht geht, reden wir nicht das Wort. Regeln um der Regeln willen sind sinnlos und führen nicht dazu, dass Kinder zu verantwortungsbewussten Weltbürgern von morgen heranwachsen. Gefordert ist vielmehr die pädagogische Balance zwischen Freiheit und Grenzen. Zu starke Reglementierung in der Erziehung schränkt die Kreativität und die Selbständigkeit der Kinder ein, behindert die Entfaltung von Engagement und Verantwortung. Zu viel Freiheit beim Aufwachsen zeitigt die gleichen Resultate.

Grenzen sind also notwendig, damit der Mensch sich an ihnen orientieren und Entscheidungen treffen kann. Dies beinhaltet, sie immer wieder kritisch zu hinterfragen und zu prüfen, welchen Zweck sie für die Gemeinschaft haben.

Unsere zu Beginn geäußerte Forderung, den Kindern die Kindheit zu lassen, beinhaltet nicht, sie im absoluten Sinn frei sein zu lassen. Das Maß an Freiheit hängt immer von dem Maß der Verantwortung ab, das ein Mensch zu tragen bereit ist, das er für sein eigenes Handeln übernimmt. Um das zu können, muss er sich der Konsequenzen seines Tuns bewusst sein.

Mit dieser Fähigkeit kommt der Mensch nicht auf die Welt. Er muss sie entwickeln, indem er Konflikte erträgt und zu lösen lernt, mit Niederlagen umzugehen lernt, Herausforderungen meistert, Wertschätzung und Kritik erfährt. Und vor allem, indem er lernt, auf die eigenen Fähigkeiten zu vertrauen, anderen zu helfen und Hilfe anzunehmen.

Dritte Forderung: Achtung und Anerkennung für alle

Erzieherinnen und Eltern haben maßgeblichen Einfluss auf das Gelingen von Bildungsprozessen. Ihn anzuerkennen, zu nutzen und zu unterstützen, das ist die Aufgabe.

Eine Gesellschaft, die die Stärken der Eltern im Bildungsprozess nicht erkennt, ihre Einbindung in die gesellschaftlichen Entwicklungsprozesse ignoriert und sich von den berechtigten Anforderungen der Eltern an die staatliche Unterstützung von Bildung und Erziehung unter Druck gesetzt fühlt, ist kaum in der Lage, erfolgreiche Bildungspolitik zu betreiben.

Eltern sind wichtig

Empirisch ist belegt, dass Eltern auch in Lebenssituationen, in denen die Kinder die meiste Zeit in einer Institution verbringen, den größten Einfluss auf das Gelingen der Bildungsbiographien ihrer Kinder haben. Wichtige Faktoren dieses Einflusses sind Einkommen, gesellschaftlicher Status und der Qualifizierungsgrad der Eltern.

In den deutschen Medien und in Politikerreden kommen vorwiegend zwei Elterngruppen vor: Die erste Gruppe sind

Eltern, die Unmengen Bier trinken und ihre Kinder verwahrlosen lassen, nicht viel von Grammatik halten und den ganzen Tag vorm Fernseher sitzen. Die zweite Gruppe sind Eltern mit Migrationshintergrund, die dargestellt werden, als kämen sie per Zeitmaschine direkt aus dem Mittelalter nach Deutschland.

Was aber ist mit Eltern, die oftmals nicht nur Deutsch, sondern auch andere Sprachen beherrschen, die ihre Kinder in Kindergärten und Schulen gut betreut wissen wollen und staatlich organisierte Vereinbarkeit von Familie und Beruf für eine Selbstverständlichkeit halten? In den Bildungsdebatten finden sie kaum Erwähnung. Während die Politik ihre Bemühungen auf Migrantenfamilien und Mitglieder der Unterschicht richtet, übersieht sie die Mehrheit der von Bildungsfragen betroffenen Mitglieder unserer Gesellschaft.

Diese stets ignorierte Gruppe entwickelt sich jedoch im Trend der Globalisierungsströme und kann immer besser einschätzen, was künftig auf die Menschen zukommt. Die Eltern arbeiten ja in Betrieben, die der Wettbewerb in den globalen Markt zwingt. Also haben sie Vorstellungen davon, welche Kompetenzen und Fähigkeiten die Kinder in der Zukunft benötigen. Sie erwarten, dass der Staat dies ebenfalls zur Kenntnis nimmt und seine Bildungsinstitutionen anpasst. Doch während die Eltern notgedrungen zu Selbsthilfemaßnahmen greifen, lehnt der Staat sich zurück. Die Modernisierung des Bildungssystems wird ausgesessen.

Dies bringt, langfristig betrachtet, eine Reihe von negativen Effekten mit sich. Nicht nur, dass der Staat seine Hoheit über die Bildung aufgibt und gesellschaftliche Fortentwicklung nicht mehr steuert – in immer mehr Gemeinden scheiden sich an der Wahl des Einrichtungsträgers die gesellschaftlichen Schichten. Kommunale Einrichtungen werden zunehmend nur noch von Eltern aus der Unterschicht oder mit Migrationshintergrund nachgefragt. Wer es sich leisten kann, wechselt zum privaten Träger.

Diese Situation macht den wachsenden Vertrauensschwund von Eltern in die Reformfähigkeiten des Staates deutlich. Dabei müssten gerade die staatlichen Einrichtungen Qualitätsmaßstäbe setzen. Ihr klägliches Versagen ist jedoch bundesweit festzustellen.

Erzieherinnen brauchen Fachwissen

»Die Qualifizierung unserer Fachkräfte folgt immer noch der Logik eines Bildungssystems des 20. Jahrhunderts. Speziell im Elementarbereich haben wir die Ausbildung bei jeglicher Bildungsreform ausgeblendet und auf dem formal niedrigsten Niveau europaweit belassen. Und manche Anstrengungen, die erneut darauf abzielen, enggefasste Ausbildungsgänge etwa auf Fachhochschulniveau für den Kindergarten zu entwerfen, müssen zur Kenntnis nehmen, dass die Entwicklung Institutionen übergreifender Bildungspläne auch Institutionen übergreifende Ausbildungspläne bedingt ...«[66]

Dem wachsenden Qualitätsbewusstsein in der Elternschaft haben Erzieherinnen selten etwas entgegenzusetzen. Ihre Ausbildung trägt, trotz aller Bemühungen der Ausbildungsträger, bei weitem nicht den Anforderungen an die heute notwendige Bildungsqualität Rechnung. Ohne verbindliche, bundeseinheitliche Vorgaben und Ziele bleiben die Ausbildungsinhalte auf die guten Ideen, den guten Willen und die Einsatzbereitschaft der Ausbilder beschränkt. Wie schon im Kindergarten und in der Schule, so auch in der Erzieherinnen-Ausbildung: Qualität ist Glückssache.

Der Arbeitsmarkt ist leergefegt. Was vor einigen Jahren bei den Lehrern begann, setzt sich nun bei den Erzieherinnen fort: Es gibt kaum noch welche. Die Einrichtungen haben mit einem Mangel zu kämpfen, der nicht allein engen Finanzierungsreglements geschuldet ist, sondern auch der zunehmenden Unmöglichkeit, ausgebildetes Personal einzustellen. Kein Wunder: Welcher junge Mensch hat schon Lust, sich für einen nicht gerade hoch angesehenen Beruf zu entscheiden?

Geld für Bildung ausgeben

Zurzeit werden in Deutschland 0,42 Prozent des Bruttoinlandsprodukts für den Elementarbereich ausgegeben. Das ist nicht einmal die Hälfte der von der OECD festgelegten Finanzierungsvorgaben. Allein in Schweden investiert man vier Mal so viel in die Entwicklung und Bildung der Kinder im Vorschulalter.

Auch spricht der internationale Zahlenvergleich nicht dafür, dass die Deutschen in der Bildung klare Prioritäten setzen. Die öffentlichen und privaten Ausgaben lagen 2006 bei 4,8 Prozent des Bruttoinlandsprodukts (BIP), »mit in den letzten Jahren rückläufiger Tendenz«, wie die OECD formuliert. Deutschland liegt damit deutlich unter dem OECD-Schnitt. Nur die Türkei, die Slowakei, Spanien und Irland haben einen noch geringeren Anteil für Bildung ausgegeben. An der Spitze liegen Island, die USA, Korea und Dänemark, die über 7 Prozent des BIP in Bildung investieren.[67]

Die für das Bildungssystem zuständigen Politiker müssen endlich aufhören, dringend notwendige Veränderungen mit der Begründung »finanzielle Engpässe« abzuschmettern. In einer Gesellschaft, die sich einig ist, dass frühkindliche Betreuung ein Erfolgsfaktor ist, sind Ausbildungsinitiativen und Finanzierungsausbau kein Problem.

Eine drastische Veränderung der Finanzierungspolitik in Bezug auf die Bildungsinstitutionen in Deutschland würde viel bewirken, glaubt man der OECD. Es ist empirisch belegt, dass die Effekte für die Gesellschaft hoch sind, wenn die Ausgaben für den Elementarbereich hoch sind. Der Nobelpreisträger für Ökonomie, James Heckman, hat sich mit der Frage befasst, wann sich Bildungsinvestitionen am stärksten rentieren. Er hat eindrucksvoll belegt, dass die Investitionen in Bildung die größte Rendite erbringen, wenn sie auf die ersten fünf Jahre der kindlichen Entwicklung fokussieren.[68] Es ist deshalb nicht nur eine Frage der *political correctness*, die wichtigsten Bildungsstufen, der Elementar- und der Primarbereich, solide zu finanzieren. Doch die entsprechenden Veränderungen wird es in Deutschland nur geben, wenn sich die Werthaltungen gegenüber dem Kindergarten ändern.

Es ist an der Zeit, dass Medien und Politiker sich massiv für die Anerkennung der Leistungen in der frühkindlichen Bildung einsetzen, dass sie das Land flächendeckend mit Kindergärten und Krippen versehen, eine Ausbildungsinitiative für die Erzieherinnen anstoßen und die Bildungsinstitutionen für die Zusammenarbeit mit den Eltern qualifizieren.

Forderungen an Gesellschaft und Politik

Das Bildungssystem in Deutschland muss von Grund auf neu ausgerichtet werden. Kleine Justierungen reichen nicht aus. Wir müssen gesamtgesellschaftlich dazu kommen, ein neues Fundament für die Begleitung und Förderung der Entwicklungs- und Bildungsprozesse von Kindern zu legen. Dem Kindergarten kommt dabei entscheidende Bedeutung zu. Wir fordern deshalb …

… in Bezug auf Bildungsinstitutionen und Bildungscurricula:
- die regional gültigen Bildungsprogramme in den Papierkorb zu werfen;
- eine bundesweit geführte Diskussion zur Schaffung eines einheitlichen Bildungsprogramms zu starten, das die globalen Entwicklungen berücksichtigt;
- durchgängige und institutionsunabhängige Bildungscurricula für jedes Kind zu entwickeln;
- eine Einigung aller Bildungsinstitutionen auf gemeinsame Ziele, Werthaltungen und Methoden herbeizuführen;
- den Sinn der Bildungsinstitutionen im Zusammenhang mit Bildungsreformen radikal zu hinterfragen und die Institutionen auf das Ziel hin zu verändern.

… in Bezug auf die Haltung gegenüber Kindern:
- eine bundesweit geführte Diskussion zur Einigung auf ein gemeinsames Bild vom Kind und zur verbindlichen Festlegung einer angemessenen Werthaltung gegenüber Kindern in unserer Gesellschaft zu führen;

- auf das Aussortieren zu verzichten und dafür zu sorgen, dass jedes Kind seinen eigenen Bildungserfolg im System generieren kann;
- die Leistungen von Kindern nicht mehr zu vergleichen, sondern jedes Kind an seinen eigenen Leistungsmöglichkeiten zu messen;
- auf Sprachstandstests und andere Notlösungen zu verzichten und stattdessen Eltern wie Erzieherinnen zu befähigen, möglichst viel mit den Kindern zu sprechen;
- Kreativität und Aktivität von Kindern anzuerkennen und unangepasste, verhaltensoriginelle Kinder nicht schon im Kindergarten zu unterdrücken;
- Kinder ernsthaft und ihrem Alter angemessen zu respektieren;
- den Wert von Regeln und Grenzen, Übung und Anstrengung sowie die Bedeutung authentischer Erwachsener im Kindergarten nicht außer Acht zu lassen.

… in Bezug auf die Achtung und Anerkennung der Akteure im Erziehungs- und Bildungsprozess:
- Konjunkturprogramme fallenzulassen und dafür ausreichend Kindergarten- und Krippengründungsmittel bereitzustellen;
- eine bundeseinheitliche Ausbildung von Erzieherinnen und Krippenerzieherinnen zu installieren und stets den neuesten Stand der Entwicklungen in die Ausbildung zu integrieren;
- eine bundesweite Kampagne zur Hervorhebung der Leistungen im Elementarbereich und zur Anerkennung des Erzieherinnenberufs aufzulegen;

- alle Pädagogen gleich zu entlohnen – unabhängig davon, auf welcher Stufe der Bildungsleiter sie tätig sind. Die
  Höhe der Entlohnung muss es dem Arbeitnehmer ermöglichen, seinen Lebensunterhalt vernünftig zu bestreiten.

Schlusswort

Ein Plädoyer für mehr Vertrauen und Gelassenheit

Für ein gelingendes Zusammenleben von Kindern und Erwachsenen brauchen wir Vertrauen und Gelassenheit. Wir müssen uns von dem Postulat des unbedingten Erfolgs trennen und den Kindern das Recht auf Scheitern und Misserfolg einräumen. Toleranz, Respekt und Neugier auf Neues und Unbekanntes – davon sollten wir uns in der Erziehung leiten lassen.

Darüber hinaus müssen wir uns über ein gemeinsames Ziel für das Aufwachsen der Kinder verständigen, das den Anforderungen der globalisierten Welt Rechnung trägt. Ein Zukunftsmodell wäre ein staatlich geregelter, nicht unbedingt staatlich betriebener Kindergarten, in dem die gemeinsamen Ziele verwirklicht werden, in dem moderne pädagogische – und auf ihre Eignung überprüfte – Methoden eingesetzt werden und in dem allseits akzeptierte professionelle Erzieherinnen arbeiten.

Kinder leben ihre eigene Gegenwart. Mit diesem Wissen und der Bereitschaft, Elternschaft als eine herausfordernde Aufgabe anzunehmen, sollten Eltern ihre Kinder begleiten und zur Normalität im Umgang mit ihnen zurückkehren.

Lassen Sie den Kindern die Kindheit.

Lassen Sie die Kinder spielend lernen.

Sehen Sie in den Kindern die Menschen, die sie sind, und lieben Sie sie so, wie sie sind.

Antje Bostelmann und Benjamin Bell
Mai 2010

Anmerkungen

1   Horx, Matthias: Wie wir leben werden. Unsere Zukunft beginnt jetzt.
    München 2009, S. 71
2   Eine Zusammenfassung der Merkmale findet sich bei: Hans-Peter
    Blossfeld, Wilfried Bos, Dieter Lenzen, Detlef Müller-Böling, Man-
    fred Prenzel, Ludger Wößmann: Bildungsrisiken und Chancen im
    Globalisierungsprozess. Jahresgutachten 2008. Herausgegeben von
    der Vereinigung der Bayerischen Wirtschaft e. V., Wiesbaden 2008,
    S. 36
3   Ludger Wößmann, Mark Piopiunik: Was unzureichende Bildung kos-
    tet. Eine Berechnung der Folgekosten durch entgangenes Wirtschafts-
    wachstum. ifo Institut für Wirtschaftsforschung an der Universität
    München. Im Auftrag der Bertelsmann Stiftung. 2009, S. 40
4   Aus: Jutta Richter:»Am Himmel hängt ein Lachen – Gedichte für neu-
    gierige Kinder.« Köln 2009, S. 40. Abdruck mit freundlicher Genehmi-
    gung des Boje Verlags.
5   Zur praktischen Anwendung des Wertegrunds im Kindergarten vgl.
    Bostelmann, Antje (Hrsg.): Das Portfoliokonzept in Kita und Kinder-
    garten. Mülheim a. d. Ruhr 2007
6   SPIEGEL online, 15. 04. 2009
7   Mertens, Margit: Kleine Hirne. In: Berliner Zeitung, 04. 12. 2009
8   Vgl. dazu Antje Bostelmann (Hrsg.): Stufenblätter für Kita und Kinder-
    garten. Berlin 2010; dies., Stufenblätter für die Krippe. Berlin 2010
9   DJI Kinderpanel 2002–2005

10 LBS Kinderbarometer Deutschland 2007. Hrsg. LBS-Initiative Junge Familie. Berlin 2007, S. 35

11 Zit. nach Otto, Jeanette: Meines kann schon mehr! In: Die Zeit, 06.09.2007, Nr. 37

12 Lindgren, Astrid: Steine auf dem Küchenbord. Gedanken, Erinnerungen, Einfälle. Hamburg 2000, S. 15–16. Abdruck mit freundlicher Genehmigung des Friedrich Oetinger Verlags.

13 Vgl. dazu Nagel, Bernhard: Der Erzieherberuf in seiner historischen Entwicklung. In: Online-Handbuch für Kindergartenpädagogik. Hrsg.: Martin Textor. http://www.kindergartenpaedagogik.de/95 html

14 Monath, Hans: Ein bisschen Bindung darf's schon sein. In: Das Parlament Nr. 25, 2004

15 Walter Ulbricht 1962 vor einer Versammlung von Frauenausschüssen. In: DER SPIEGEL 34/1969

16 http://www.gehaltsvergleich.com/gehalt/Erzieher-Erzieherinnen.html

17 Wie geht's im Job? KiTa-Studie der GEW. Der ErzieherInnenberuf zwischen Stabilität und Wandel. Zusammenfassung von Kirsten Fuchs-Nechlin, vorgetragen von Dr. Matthias Schilling. http://www.gew.de/ Binaries/Binary35439/Schilling-Praesentation_Erzieherinnenstudie-PK.pdf

18 Siehe auch: http://www.dooyoo.de/berufe-taetigkeiten/erzieher-in/ 507709/

19 Zit. nach Eckhardt, Ann-Kathrin: Kein Kinderspiel. In: Süddeutsche Zeitung, 10.11.2008

20 Am häufigsten werden die Fortbildungsaktivitäten durch die Freistellung von der Arbeit bei gleichzeitiger Gehaltsfortzahlung vom Arbeitgeber unterstützt: 85 Prozent nannten diese Form der Unterstützung. Bei mehr als einem Drittel der Erzieherinnen werden die Teilnahmebeiträge vom Arbeitgeber teilweise oder vollständig übernommen. Und immerhin 42 Prozent berichten davon, dass weitere Fortbildungskosten wie Fahrtkosten oder Übernachtungskosten vom Arbeitgeber teilweise oder vollständig übernommen werden. Aus: Wie geht's im Job? KiTa-Studie der GEW. Der ErzieherInnenberuf zwischen Stabilität und Wandel. Zusammenfassung von Kirsten Fuchs-Nechlin, vorgetragen von Dr. Matthias Schilling

21   Wie geht's im Job? KiTa-Studie der GEW. Der ErzieherInnenberuf zwischen Stabilität und Wandel. Zusammenfassung von Kirsten Fuchs-Nechlin, vorgetragen von Dr. Matthias Schilling
     http://www.gew.de/Binaries/
     Binary35439/Schilling-Praesentation_Erzieherinnenstudie-PK.pdf

22   Gesetz zur Förderung von Kindern in Tageseinrichtungen und Kindertagespflege (Kindertagesförderungsgesetz – KitaFöG). Lesefassung des KitaFöG vom 23. Juni 2005 unter Berücksichtigung der Änderungen durch Artikel II des Gesetzes zur vorschulischen Sprachförderung vom 19. März 2008, durch Artikel II des Gesetzes zur Einführung der beitragsfreien Förderung im Kindergarten und zur Änderung weiterer Vorschriften vom 17. Dezember 2009 sowie durch Artikel IV des Berliner Gesetzes zum Schutz und Wohl des Kindes vom 17. 12. 2009, § 14 Abs. 2

23   Darstellung der Kindergartengruppe »Franz von Hahn«. http://www.kindergruppe-giessen.de/konzept.htm

24   Waldorfkindergarten Neufarn e. V. http://www.waldorf-neufarn.de/kompetenzen.html

25   Zit. nach Eckhardt, Ann-Kathrin: Kein Kinderspiel. In: Süddeutsche Zeitung, 10. 11. 2008

26   Wie geht's im Job? KiTa-Studie der GEW. Der ErzieherInnenberuf zwischen Stabilität und Wandel. Zusammenfassung von Kirsten Fuchs-Nechlin, vorgetragen von Dr. Matthias Schilling. http://www.gew.de/Binaries/Binary35439/Schilling-Praesentation_Erzieherinnenstudie-PK.pdf

27   ZDF-Auslandsjournal vom 20. Mai 2009 über außerhäusliche Kinderbetreuung in Schweden (mit Bezug auf eine UNICEF-Studie, Dezember 2008)

28   Diese Zahlen verdanken wir Tom Rune Fløgstad, der in Norwegen Erzieherinnen fortbildet und internationale pädagogische Austauschreisen organisiert

29   Generationen-Barometer 2009. Pressemappe Berlin 08. 04. 2009

30   Rühle, Alex: »Gutgemeinte Käfighaltung.« In: Spiegel Special Nr. 7/2008 »Was Kinder klug & glücklich macht«, S. 42–45, hier S. 43

31   http://infobub.arbeitsagentur.de/berufe/start?dest=profession&profid=9159

32 http://www.pallas.iab.de/bisds/Data/seite_864_BO_a.htm

33 Siehe: 1. Kapitel

34 Gatterburg, A./Musall, B.: Kinder sind auch nur Menschen. In: Spiegel
    Special, Nr. 7/2008: Was Kinder klug & glücklich macht. S. 9

35 Das erlebte die Autorin Antje Bostelmann 2009 in einem Pankower Café

36 http://de.answers.yahoo.com/question/index?qid=20081122093359
    AAi vuaO

37 Afrikanisches Sprichwort

38 Berliner Zeitung, 17. 2. 2010, Nr. 40

39 Das Wort Pädagogik kommt aus dem Griechischen und leitet sich ab
    von *paidea* für Erziehung und Bildung, *pais* für Knabe oder Kind und
    agein für führen

40 Wulf, Christoph: Einführung in die Anthropologie der Erziehung.
    Weinheim/Basel 2001, S. 13

41 Change. Das Magazin der Bertelsmann Stiftung 1/2010, S. 68

42 Die Geschichte geht auf folgendes Buch zurück: James Marcus Bach:
    Secrets of a Buccaneer-Scholar. How Self-Education and the Pursuit of
    Passion Can Lead to a Lifetime of Success. New York, 2009. Der Autor
    ist Experte für Computer-Software

43 Horx, Matthias: Wie wir leben werden. Unsere Zukunft beginnt jetzt.
    München 2009, S. 76

44 Prof. Gerd E. Schäfer auf einer Tagung auf Rügen, Oktober 2009, sinn-
    gemäß wiedergegeben

45 Gesetz zur Förderung von Kindern in Tageseinrichtungen und Kinder-
    tagespflege (Kindertagesförderungsgesetz – KitaFöG). Lesefassung des
    KitaFöG vom 23. Juni 2005 unter Berücksichtigung der Änderungen
    durch Artikel II des Gesetzes zur vorschulischen Sprachförderung
    vom 19. März 2008, durch Artikel II des Gesetzes zur Einführung der
    beitragsfreien Förderung im Kindergarten und zur Änderung weiterer
    Vorschriften vom 17. Dezember 2009 sowie durch Artikel IV des Berli-
    ner Gesetzes zum Schutz und Wohl des Kindes vom 17. 12. 2009, § 23

46 http://www.berlin.de/landespressestelle/archiv/2009/10/27/143776/
    index.html

47 Die gilt bis 2010, eine marginale Änderung ist vorgesehen

48 Riedel, Birgit: Local Governance. Ressource für den Ausbau der Kin-
    dertagesbetreuung für Kinder unter drei Jahren. Explorative Studie in

drei Kommunen und einem Landkreis. Kurzfassung. Deutsches Jugendinstitut e. V., München 2009, S. 20

49 Gesetz zur Förderung von Kindern in Tageseinrichtungen und Kindertagespflege (Kindertagesförderungsgesetz – KitaFöG), Lesefassung des KitaFöG vom 23. Juni 2005 unter Berücksichtigung der Änderungen durch Artikel II des Gesetzes zur vorschulischen Sprachförderung vom 19. März 2008, durch Artikel II des Gesetzes zur Einführung der beitragsfreien Förderung im Kindergarten und zur Änderung weiterer Vorschriften vom 17. Dezember 2009 sowie durch Artikel IV des Berliner Gesetzes zum Schutz und Wohl des Kindes vom 17. 12. 2009, § 23 Abs. 3

50 Verordnung über das Verfahren zur Gewährleistung eines bedarfsgerechten Angebotes von Plätzen in Tageseinrichtungen und Kindertagespflege und zur Personalausstattung in Tageseinrichtungen (Kindertagesförderungsverordnung – VOKitaFöG). Lesefassung vom 4. November 2005 unter Berücksichtigung der Änderungen durch Artikel II des Gesetzes zur vorschulischen Sprachförderung vom 19. März 2008 und durch Artikel VI des Gesetzes zur Einführung der beitragsfreien Förderung im Kindergarten und zur Änderung weiterer Vorschriften vom 17. Dezember 2009, § 12 Abs. 2

51 Riedel, Birgit: Local Governance. Ressource für den Ausbau der Kindertagesbetreuung für Kinder unter drei Jahren. Explorative Studie in drei Kommunen und einem Landkreis. Kurzfassung. Deutsches Jugendinstitut e. V., München 2009. S. 15–17

52 Riedel, Birgit: Local Governance. Ressource für den Ausbau der Kindertagesbetreuung für Kinder unter drei Jahren. Explorative Studie in drei Kommunen und einem Landkreis. Kurzfassung. Deutsches Jugendinstitut e. V., München 2009. S. 19

53 http://www.spiegel.de/wirtschaft/0,1518,638413,00.html

54 Die Bundesregierung: Magazin für Soziales, Familie und Bildung. Nr: 067 09/2008

55 Ebd.

56 Hacke, Axel: Auf mich hört ja keiner. München 1999, S. 5. Mit freundlicher Genehmigung des Antje Kunstmann Verlags.

57 Richtlinie zur Förderung der Kindertagespflege im Landkreis Havelland vom 30. September 2009

58 Bundesministerium für Familie, Senioren, Frauen und Jugend (Hrsg.):

Aktionsprogramm Kindertagespflege. 15. Oktober 2008 bis 31. Dezember 2012. FAQs. Stand: Mai 2009, S. 4

59 Richtlinie zur Förderung der Kindertagespflege im Landkreis Havelland vom 30. September 2009

60 Ebd.

61 Deutscher Paritätischer Wohlfahrtsverband – Gesamtverband e. V. (Hrsg.): Tipps und Informationen zur Besteuerung des Einkommens für Tagespflegepersonen und die sozialversicherungsrechtlichen Auswirkungen ab 2009. Berlin 2008, S. 18

62 Hamburger Abendblatt, 27. 05. 2008

63 Senatsverwaltung für Bildung, Wissenschaft und Forschung (Hrsg.): Schulgesetz für das Land Berlin vom 26. Januar 2004 (GVBl. S. 26), das zuletzt durch das Gesetz vom 25. Januar 2010 (GVBl. S. 14) sowie durch Artikel I des Gesetzes vom 25. Januar 2010 (GVBl. S. 22) geändert worden ist. § 7 Abs. 2

64 Gesetz zur Förderung von Kindern in Tageseinrichtungen und Kindertagespflege (Kindertagesförderungsgesetz – KitaFöG). Lesefassung des KitaFöG vom 23. Juni 2005 unter Berücksichtigung der Änderungen durch Artikel II des Gesetzes zur vorschulischen Sprachförderung vom 19. März 2008, durch Artikel II des Gesetzes zur Einführung der beitragsfreien Förderung im Kindergarten und zur Änderung weiterer Vorschriften vom 17. Dezember 2009 sowie durch Artikel IV des Berliner Gesetzes zum Schutz und Wohl des Kindes vom 17. 12. 2009 (Kindertagesförderungsgesetz – KitaFöG). § 1 Abs. 2

65 Siehe Kapitel 5: Bildungspläne – Segen oder Fluch?

66 Eröffnungsrede von Prof. Dr. Wassilios E. Fthenakis auf der didacta am 09. 02 2009. http://www.didacta-hannover.de/16187?pm=bm09-067-d

67 OECD Jahresbericht »Bildung auf einen Blick« 2009

68 Vortrag von James Heckman auf dem Kongress »Kinder früher fördern – Wirksamere Bildungsinvestitionen« der Bertelsmann Stiftung, Buchmesse in Leipzig 2008

Mehr zum Thema Bildung und Erziehung finden Sie unter www.antje-bostelmann.de oder diskutieren Sie mit unter www.antjebostelmann.blogsport.com.